MEMENTO,

ET

BARÊME

DE LA PERSPECTIVE

DE

NOTRE AVENIR FINANCIER,

EN CAS DE NAUFRAGE AU PORT.

MEMENTO,

ET

BARÊME

DE LA PERSPECTIVE

DE

NOTRE AVENIR FINANCIER,

EN CAS DE NAUFRAGE AU PORT.

Par Armand Séguin.

Il a fallu à l'Angleterre un laps de temps de vingt-quatre années pour reconnaître *l'illusion* d'une proposition romanesque, d'une *absurdité absolue.* Certes, un tel résultat ne peut pas être cité comme une preuve d'*infaillibilité.* Aujourd'hui que par des combinaisons intéressées, ou faussement politiques, on tente avec *acharnement* de nous *rabaisser* au rôle modeste et *peu digne* d'imitateurs, puisse cet exemple nous servir de leçon !

PARIS,

DE L'IMPRIMERIE DE A. HENRY,

RUE GÎT-LE-CŒUR, N° 8.

MARS 1825.

MEMENTO,

ET

BARÊME

DE LA PERSPECTIVE

DE

NOTRE AVENIR FINANCIER,

EN CAS DE NAUFRAGE AU PORT.

———◆◆◆———

But de cet écrit.

J'ai dit dans mon ouvrage, sur la réduction des rentes, en parlant des prôneurs exagérés de cette conception :

« C'est d'une manière aussi révoltante, aussi
» condamnable, qu'on ose insulter à la majesté
» des Chambres, et de l'opinion publique!

» C'est ainsi que des pédagogues rusés ont la
» prétention d'égarer la religion de la nation la
» plus éclairée du globe, et la plus transcen-
» dante par ses lumières, ses connaissances et

» son génie, en déversant sur elle la supposition
» d'*ignorance*, d'*ineptie* et de *stupidité*.

» Serions-nous tombés en enfance!

» S'imaginerait-on que nous sommes, *tous*,
» des compères, des êtres vendus, et des séïdes!

» Quant à moi je prouverai à toutes époques,
» qu'il n'en est pas ainsi.

» Je le déclare donc hautement :

» *Tant que Dieu me prêtera vie, j'aurai con-*
» *tre de telles gens des yeux de linx.*

» J'en prends formellement l'engagement.

» Et j'en donnerai la preuve toutes les fois que
» je jugerai que les intérêts de mon roi et de ma
» patrie seront conpromis.

» Fussé-je encore sous le régime impérial;

» Dussé-je pressentir un nouveau bail de dix
» huit mois d'emprisonnement;

» Je proclamerais, jusqu'à extinction de forces,
» toutes les vérités que je croirai utiles à mes
» concitoyens.

» Puisse notre bonne étoile ne pas permettre
» qu'on ne les apprécie que quand il n'en serait
» plus temps !

  » Nobles Pairs, jouissez de la faveur que le
» ciel vous a accordée, en vous mettant à même
» de prononcer, définitivement, sur le sort futur
» de trente millions de Français. »

Ce sont ces engagemens formellement con-
tractés par moi, que je vais continuer à remplir.

Direction de cet écrit.

Appréciant à leur juste valeur les satellites
quelque peu nébuleux, qui ne peuvent et ne
veulent approfondir les discussions financières
qu'en déviant forcément par incapacité, ou vo-
lontairement par ruse intéressée, de l'arène où
se livre le combat, je m'attends à cette exclama-
tion concertée ou commmandée :

« *Il a perdu la raison; c'est un fou.* »

Pas si fou que vous voudriez le faire supposer,
Messieurs.

Dans de semblables questions, au point où en

sont les choses, la Chambre des Pairs et le public
sont des *juges souverains.*

Je dirai donc toute ma pensée; je la dirai sans
crainte et sans autre impulsion, que celle de ma
conviction, et de mon entier dévouement à mon
pays :

Depuis 1780, la réunion de tous les plans financiers n'a pas présenté autant de chances rui-
neuses pour la France, et préjudiciables au dé-
veloppement de sa prospérité, que les conceptions financières qui ont été suggérées depuis
deux ans, et qui, heureusement, n'ont pu jusqu'ici surnager.

Tout est déception dans ces conceptions.

Elles dévoreraient les indemnisés, les rentiers, les contribuables, pour le plus grand pro-
fit de l'agiotage. Déjà je l'ai démontré.

Quelles seraient les importances matérielles
de leurs résultats ?

Telles sont les solutions qu'il me reste à présenter pour compléter les devoirs que je me
suis imposés.

J'aurais bien désiré, pour ce dernier effort,

éviter l'aridité des chiffres. Malheureusement, dans cette circonstance, cela est impossible. Toutefois je m'attacherai particulièrement à les restreindre et à en faciliter l'intelligence.

Au nom de l'intérêt de l'État, je sollicite, respectueusement et avec déférence, les méditations de mes lecteurs. Il s'agit du sort futur de la France entière ; un objet d'une si haute importance n'a aucun rapport avec les futilités qui doivent être réservées à nos distractions. Il est rare que quoiqué ce soit, surtout le bonheur et la prospérité, s'acquière sans peine. Les matériaux sont là, il ne s'agit que de les envisager, de les vérifier et de les juger : pour atteindre ce but, il ne faut que quelque peu de vouloir, quelque peu d'attention, quelque peu de temps : *aide-toi, le ciel t'aidera.* L'objet en vaut bien la peine. N'appellons pas sur nos têtes la malédiction de nos neveux ; laissons à ceux qui n'en craignent pas l'influence, parce qu'ils y trouvent sans doute une *solide compensation*, cette vérité :

« *L'obscurité serait préférable à certaines*
» *réputations, dont le souvenir ne rappelle que*
» *des sensations douloureuses.* »

Rattachons-nous à cette autre vérité :

« *A leur naissance, les fautes financières*
» *n'apparaissent que comme un point de mi-*
» *rage; bientôt elles engloutissent tout ce qu'elles*
» *enveloppent.*»

Serait-on, soit matériellement, soit par *un singulier scrupule* de reconnaissance, redevable envers les *cosmopolites inévitables*?

Ce serait un quine gagné à la loterie que d'acquitter matériellement et immédiatement cette redevance, même supposée, de quelques millions peut-être, plutôt que de leur livrer de nouveau toute la fortune de l'État, et de leur permettre de réaliser, au centuple, *par leurs mains*, cette révoltante *indemnité* : ce serait, cependant, le résultat d'une adoption des projets.

Matériellement il entrera dans leur caisse, par suite de l'ensemble de cette exécution, plus de 300 millions.

Donnez-leur en, s'il le faut, 400; mais en même temps, rejetez la réduction, et félicitez-vous encore, malgré votre immense sacrifice, de vous être sauvés du naufrage.

Soyez persuadés que, pour vous enlever cette chance d'alternative, *bien d'autres*, fourniraient ces 300 millions de leurs propres deniers.

. Comme avant 1789, ils faciliteraient sans doute de tous leurs moyens vos jouissances momentanées dans l'espoir que, inévitablement, elles produiraient des fruits non moins améres.

. Notre convalescence n'est pas encore totalement terminée.

Notre aspect financier est déjà infiniment plus défavorable qu'il ne l'était avant 1789.

Malheureusement le terrain des explications turbulentes est maintenant bien connu.

Alors une étincelle a produit l'incendie.

Aujourd'hui une seule lueur suffirait pour engendrer des résultats du même genre.

Qui oserait apprécier l'importance d'une telle conséquence !

Tout s'étend sous la main de l'homme; toujours pour lui, en raison du bouillonnement de son imagination, dans le bien comme dans le mal, la sphère du lendemain dépasse en étendue la sphère de la veille.

Aurait-ce donc été avec ce sentiment que

M. le Président du Conseil des Ministres a
dit :

« Tout est lié dans le bien comme dans le
» mal ; dans le vrai comme dans le faux ; entrez
» dans la bonne voie, tous les résultats sont
» bons ; égarez - vous dans la mauvaise , tout
» vous tournera à mal. »

BASES

De la Discussion.

Pour déterminer l'importance , soit d'un bénéfice , soit d'une perte , il faut partir d'un point
fixe de comparaison.

Je prendrai comme mon unité de comparaison, le résultat de la complète libération que
produirait le plan financier que je propose dans
le quatrième volume de mon dernier ouvrage, et
je regarderai comme perte absolue, tout ce qui,
dans l'exécution des projets, dépassera cette unité.

Comme cet ouvrage n'existera probable-
ment, dans les premiers momens, qu'entre les
mains d'une portion des lecteurs de ce nouvel
écrit, j'y insérerai ce plan comme partie addition-

nelle, pour en rendre commune à tous, une con—
naissance précise et complète.

Pour les résultats des projets, je partirai des
bases mêmes de ces projets, et de celles consenties dans la discussion par le ministère.

J'y joindrai, comme éventualité plus que probable, les résultats qui, d'après l'esprit même
des projets, et d'après l'espoir sur lequel s'est ap-
puyée la Commission de la Chambre des Députés,
pour donner son assenti ment à la réduction, se
trouvent fondés sur le plus grand ordre de probabilités.

On verra que, dans ces deux cas, les pertes
réelles et matérielles seraient énormes,

Pour les indemnisés.

Pour les rentiers.

Pour les contribuables.

On verra que les conséquences de ces pertes
seraient accablantes pour l'Etat, et équivau-
draient, par suite d'instigations anti—nationales,
à une abnégation instantanée de notre prépondérance européenne.

Ensemble des débours bruts des contribuables avant complète libération, par suite des projets ministériels.

Nous avons établi qu'au 30 juin 1826, la somme des rentes rachetables, fr.
s'éleverait à .... 155,515,626.

Par le fait de la réduction volontaire, que je suppose, dans l'intérêt du projet, devoir être entière, savoir, de .... 31,103,125.

Les rentes rachetables seraient réduites à .... fr. 124,412,501.

Y joignant les rentes accordées par le projet aux indemnisés, savoir... 30,000,000.

La somme des rentes rachetables sera de .... fr. 154,412.501.

La valeur nominale de ces rentes se compose ainsi qu'il suit : fr.

Les 30,000,000 d'indemnité... 1,000,000,000.

Les 124,412,501 fr. de rentes réduites .... 4,147,083,366.

fr.

Ensemble .... 5,147,083,366.

Le prix de l'émission des rentes   fr.
réduites serait de............ 3,110,312,525.

Y joignant la valeur nominale
des rentes des indemnités, don-
nées au pair, savoir :.......... 1,000,000,000.

                                        fr.

On a un ensemble de........ 4,110,312,525.

La moyenne de ces évaluations de capitaux
est ainsi qu'il suit :   fr.

1°................... 5,147,083,366.
2°................... 4,110,312,525.

Ensemble............ 9,257,395,891.

                                        fr.

Moyenne.............. 4,628,697,945.

Je prendrai cette moyenne pour fixer la durée
de la libération, parce que c'est une base que le
ministère a admise comme constante.

Je supposerai donc que les 154,412,501 fr. de
rentes (après la réduction) seraient rachetées au
prix moyen de 90 francs environ, et qu'ainsi le
capital à racheter serait, par cette évaluation
                                       fr.
moyenne, de.............. 4,628,697,945.

Nous avons vu que, au 30 juin 1826, la
puissance amortissante s'éleverait   fr.
à........................... 81,964,640.

Comme le projet ministériel perd l'influence

des intérêts composés par l'annihilation annuelle des rentes rachetées, il suffit, pour connaître la durée de la libération, suivant les projets, de diviser le capital de la libération par la puissance amortissante. En suivant cette marche, on trouve que la libération n'aurait lieu que le

19 décembre 1882.

Pour apprécier la masse totale des débours des contribuables pendant ce laps de temps, il suffit de déterminer les débours bruts, après bonification des annihilations, et d'en établir le compte en intérêts composés, au taux légal qui est le seul qui puisse régir les contribuables.

	fr.
Le débours net pour le service des rentes, après réduction, serait de	124,412,501.
A quoi il faut joindre,	
1°. Le service des arrérages des indemnisés....................	50,000,000.
2°. Le service de la dotation...	81,964,640.
Ensemble...................	236,377,141.
Dont il faut déduire les arrérages des annihilations annuelles de.........................	2,798,000.
Reste en débours nets........	233,579,141.
A quoi il faut ajouter les frais de perception de.............	44,030,000.
	fr.
On a en débours bruts *annuels*.,	277,609,141.

- Somme qui, au taux de l'intérêt légal, élève, à l'achèvement de la libération, c'est-à-dire, à l'époque du 19 décembre 1882, les débours bruts des contribuables, en capital et en intérêts, à une somme de

$$85,840,208,039 \text{ fr.}$$

Recherchons maintenant, pour établir la comparaison, quels seraient, dans mon plan, les débours bruts des contribuables, en capital et en intérêts, à la même époque de libération, c'est-à-dire au

19 décembre 1882.

	fr.
Rentes rachetables au 30 juin 1826..........................	155,515,626.
Arrérages des indemnités.....	50,000,000.
Dotation..........................	81,964,640.
Augmentation de dotation.....	10,000,000.
Jouissance du trésor............	1,499,558.
Ensemble..........................	298,979,824.
Y joignant les frais de perception de..........................	56,360,000.
	fr.
On a pour débours bruts annuels..........................	355,339,824.

Somme qui, au taux de l'intérêt légal, cal-

culée d'abord jusqu'en 1847, puis, après diminution du capital des frais de perception, jusqu'à
l'achévement de la libération, éléve les débours
bruts des contribuables, en capital et en intérêts,
à une somme de

73,140,000,000 fr.

BALANCE.

Les débours bruts de mon plan,   fr.
pris comme unité, seraient de...73,140,000,000.

Les débours bruts des projets seraient de......................85,840,208,039.

Différence au désavantage des   fr.
projets...........................12,700,208.039.

On peut donc dire que, indépendamment de
leurs autres graves inconvéniens, la préférence
qu'on accorderait sur mon plan aux projets ministériels, occasionnerait dans les débours des
contribuables, à leur charge, une augmentation
de

12,700,208,039 fr.

Cette perte est ici fixée à son *minimum* ; bien
certainement elle sera dépassée: on doit d'autant

plus le redouter que les bases de ce résultat sont celles qui ont déterminé l'adoption des projets par la commission.

En effet, justement, loyalement et consciencieusement, le ministère et plus encore la commission, ne peuvent proposer l'adoption d'une réduction, que parce qu'ils ont le sentiment que, quoi*qu'inapparent*, l'intérêt sur la place est réellement à 4 pour cent; or, comme la commission dit :

« L'effet le plus salutaire de l'adoption de la
» loi, sera l'abaissement général du taux de l'in-
» térêt, qui devient la conséquence nécessaire et
» forcée de la réduction de la rente. »

On doit conclure que, si la commission ne se fait pas d'illusion, l'intérêt baissera au dessous de 4 pour cent, et tendra à arriver graduellement aux taux de 3 pour cent; ce qui devra nécessairement avoir lieu, si, ainsi que cela existe aujourd'hui, les emplois fructifères des capitaux de la France vont en décroissant, au lieu de suivre une marche inverse si désirable pour la prospérité de la France.

Cet ordre de probabilités se trouve, en outre.

renforcé, par les ordres de combinaisons intéressés des cosmopolites inévitables.

Quoi qu'il en puisse être de cet ordre d'éventualité, je vais établir, comme aspect, et non comme donnée assurée, les pertes des contribuables, en supposant le rachat au pair des 3 pour cent.

Nous avons établi qu'au 30 juin   fr.
1826, la somme des rentes rachetables s'éleverait à .... 155,515,626.

Par le fait de la réduction volontaire, que je suppose, dans l'intérêt du second projet, devoir être entière, savoir de .... 31,103,125.

Les rentes rachetables seraient réduites à .... 124,412,501.

Y joignant les rentes accordées, par le premier projet, aux indemnisés, savoir .... 30,000,000.

La somme des rentes rachetables   fr.
sera de .... 154,412,501.

La valeur nominale de ces rentes serait de

5,147,083,366. fr.

La puissance amortissante étant de

81,964,640. fr.

L'achèvement de la libération, n'aurait lieu que le

16 avril 1889.

Pour apprécier la masse totale des débours des contribuables, pendant ce laps de temps, il suffit de déterminer les débours bruts, après bonification des annihilations, et d'en établir le compte, en intérêts composés, au taux légal qui est le seul qui puisse régir les contribuables.

Les débours nets pour le service des rentes, après réduction, serait de .... 124,412,501.

A quoi il faut joindre,

1°. Le service des arrérages des indemnités .... 30,000,000.

2°. Le service de la dotation.... 81,964,640.

Ensemble .... 236,377,141.

Dont il faut déduire les arrérages des annihilations annuelles de.... 2,732,154.

Reste en debours nets .... 233,644,987.

A quoi il faut ajouter les frais de perception de................. 44,030,000

On a en débours bruts annuels. 277,674,987

Somme qui, au taux de l'intérêt légal, élève,
à l'achèvement de la libération, les débours bruts
des contribuables, en capital et en intérêts, à
une somme de

119,038,825,273 fr.

Recherchons, maintenant, pour établir la
comparaison, quels seraient, dans mon plan, les
débours bruts des contribuables, en capital et en
intérêts, à la même époque de libération, c'est-
à-dire, au

16 avril 1889.

	fr.
Rentes rachetables au 30 juin 1826	155,515,626.
Arrérages des indemnités	50,000,000.
Dotation	81,964,640.
Augmentation de dotation	10,000,000.
Jouissance du trésor	1,499,558.
Ensemble	298,979,824.
Y joignant les frais de perception de	56,360,000.
	fr.
On a pour débours bruts annuels.	355,339,824.

Somme qui, au taux de l'intérêt légal, calculée
d'abord jusqu'en 1847, puis, après diminution du

capital des frais de perception , jusqu'à l'achévement de la libération , éléve les débours des contribuables , en capital et en intérêts, à une somme
de

99,610,000,000 fr.

BALANCE.

Les débours bruts de mon plan,   fr.
pris comme unité, seraient de. 99,610,000,000

Les débours bruts du projet ,
seraient de................... 119,038,825,273.

Différence au désavantage,   fr.
du projet................... 19,428,825,273.

On peut donc dire que, indépendamment de
leurs autres graves inconvéniens, la préférence
qu'on accorderait sur mon plan aux projets ministériels, pourrait occasionner , dans le débours
des contribuables, à leur charge, une augmentation
de

19,428,825,273 fr.

PERTE

Des indemnisés, dans le plan ministériel comparé au mien.

Dans le plan ministériel, les arrérages des indemnisés ne sont que de 30 millions; dans mon plan, ils sont de 50 millions, ce qui établit une différence annuelle de 20 millions.

Calculant cette différence pendant la durée de la libération du capital moyen, et prenant la moyenne de ce résultat, on trouve pour la perte occasionnée dans la fortune des indemnisés, par le plan ministériel comparé au mien, en capital et en intérêts, une somme de

3,092,000,000 fr.

Et, en calculant la différence, pendant la durée de la libération au taux nominal, et prenant la moyenne de ce résultat, on trouve, pour la perte occasionnée dans la fortune des indemnisés, par le plan ministériel comparé au mien, en capital et en intérêts une somme de

4,285,750,000 fr.

Je néglige dans cette comparaison les 500 millions de lots qui existent dans mon plan, et qui n'existent pas dans le plan ministériel.

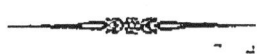

⸻

PERTE

Des rentiers, dans le plan ministériel comparé au mien.

Dans le plan ministériel, les rentiers éprouvent une diminution annuelle d'arrérages de

31,103,125 fr.

Calculant cette différence, pendant la durée de la libération du capital moyen, et prenant la moyenne de ce résultat, on trouve, pour la perte occasionnée dans la fortune des rentiers, par le plan ministériel comparé au mien, en capital et en intérêts, une somme de

4,808,500,000 fr.

Et en calculant la différence, pendant la durée de la libération, au taux nominal et prenant la moyenne de ce résultat, on trouve pour la perte occasionnée dans la fortune des rentiers, par le plan ministériel comparé au mien, en capital et en intérêts, une somme de

6,991,500,000 fr.

Je néglige dans cette comparaison les 500 millions de lots qui existent dans mon plan, et qui n'existent pas dans le plan ministériel.

CONCLUSIONS

L'époque qu'a fait naître les mesures administratives qui ont eu lieu entre 1780 et 1789, a été aussi malheureuse que remarquable.

Elle ne peut encore être sortie de notre mémoire.

En vain se ferait-on l'illusion que, dans le courant d'un siècle, les mêmes évènemens ne se renouvellent pas.

Oui, cela devrait être ainsi; mais il ne faudrait pas par un appui apathique, complaisant et dépourvu de prévoyance, se trop *complaire* dans cet *espoir.*

On a maudit les Ministres qui ont été la
source indirecte de notre révolution ; quel
sort devrait être réservé à ceux qui seraient la
cause réelle et obstinée des suites éloignées
d'une si accablante catastrophe !

Ce sort est tellement effrayant que, pour tous
ceux qui auraient encore le cœur Français, il devrait au moins les conduire à *résipiscence*.

Vaine illu ion!

Ne nous flattons guère d'un tel retour.

A quelques têtes privilégiées appartient seulement la présomption de chercher à persuader
qu'ils ont trouvé la pierre philosophale, en donnant sans donner, en prenant sans prendre ; les
trente autres millions d'imaginations françaises
seraient, sans doute, suivant ces exclusifs, trop terre
à terre pour planer dans une sphère si élevée ;
mais, heureusement pour ces trente millions de
têtes, il n'en est encore qu'une faible portion
qui veuille s'avilir et se déshonorer au point de
ramper devant la *ruse* et *l'incapacité*.

La nation française sortira triomphante d'une
telle lutte.

Ses intérêts, ses sentimens, sa civilisation, son honneur et sa gloire lui en imposent le devoir.

Elle ne démentira pas sa réputation européenne, et elle conservera le rang supérieur qui lui est assigné.

ARMAND SÉGUIN.

PLAN

EXTRAIT

DE L'OUVRAGE SUR LES FINANCES,

EN 4 VOLUMES IN-8°.

Par Armand Séguin.

OBSERVATIONS PRÉLIMINAIRES.

Il est urgent de modifier nos dispositions
financières.

D'APRÈS l'examen approfondi auquel nous nous sommes livrés, on peut juger des *difficultés* et des *dangers* de notre position.

C'est ce qui m'a fait dire, avec un *sentiment* intime de *conviction* :

« *Il n'y a qu'un plan d'ensemble* bien com-
» biné, bien mûri, et n'offrant qu'une perspec-
» tive d'amélioration évidente et assurée, qui
» puisse nous sortir enfin de la fausse route dans

I

» laquelle les contribuables, *lésés outre mesure,*
» ne peuvent même pas jouir, comme bien faible
» soulagement, du *doux espoir* (je suppose à
» tous un sens droit et sain) *d'entrevoir avec*
» *certitude le terme de leurs souffrances.* »

Alors, seulement, nous pourrons *fixer* l'époque où, en supposant toutefois que les dépenses administratives ne suivent pas une *progression croissante*, les contribuables devront enfin obtenir une *décharge annuelle, réelle et durable,* ·de

4oo millions.

Alors, seulement, nous pourrons aussi voir se *réaliser* des vœux consacrés par d'augustes expressions, en obtenant enfin

La suppression

De l'impôt sur le sel ;
Des droits réunis ;
De la loterie ;
Du droit de patentes ;
De l'impôt mobilier ;
Et de celui des portes et fenêtres ;

L'allégement

De l'enregistrement ;
Des douanes ;

Et de l'impôt foncier, jusqu'à concurrence du tiers de son montant actuel en capital et en centimes additionnels.

Mais comme ces résultats dépendent principalement de *l'annihilation* des rentes rachetées, *l'époque* de cette amélioration ne pourra être, en *droit* et en *fait*, que celle de *l'achèvement* de l'amortissement.

C'est par ces motifs qu'une *progression croissante* d'amélioratiou du cours de nos rentes, due, soit à des combinaisons de *spéculation*, soit à toute autre cause, de même qu'une réduction quelconque des fonds consacrés à l'amortissement, nous occasionneraient, si nous ne prenions des mesures *convenantes* pour y *parer*, deux *préjudices* bien *graves* :

1°. *Perte* considérable pour les contribuables, par *augmentation* de débours ;

2°. *Ajournement* prolongé de la *cessation* de l'ensemble de ces débours.

Qu'il est pénible de *désirer* le bien, en *redoutant* cependant sa *réalisation !*

Le seul moyen de sortir de ce cercle vicieux

serait, je le répète, de placer nos conceptions financières au centre d'une sphère assez étendue pour y comparer les bases et les résultats du *passé*, du *présent*, et de l'*avenir*.

But à atteindre.

Déjà j'ai *établi*

Les pertes *inévitables* de notre position *rentière* ;

Les pertes *probables* qu'elle peut nous *occasionner* par la suite.

Les premières pertes ne pourraient, ainsi que je l'ai démontré, se *couvrir* et se *réparer* que par une *extension* de la balance *avantageuse* de notre commerce extérieur :

Les secondes pertes peuvent s'*éviter*, à l'aide de dispositions bien *combinées*, et *librement consenties*.

Pour *atteindre* ce but, il faut que toutes les parties *contractantes* trouvent dans ces nouvelles dispositions, des *avantages* suffisans pour influencer leur *détermination*.

L'*obtention* de ce résultat se trouve heureusement *facilitée* par les positions *respectives*.

En effet, sous l'aspect des *pertes*, le gouvernement et les contribuables, ne formant qu'une seule tête, peuvent être considérés comme une *unité stable*.

Mais, sous l'aspect du partage du résultat de ces *pertes*, qui sont en définitive des *avantages* pour les rentiers, l'*extréme* division de ces avantages, qui s'accroît encore par les circulations *journalières*, peut être considérée comme *infinie*.

On conçoit, dès-lors, qu'en concentrant instantanément sur les titulaires *actuels*, par une combinaison d'*ensemble*, une partie *seulement* de ces avantages . son *importance* pour chacun pourra devenir plus *determinante* qu'elle n'aurait été, malgré l'*ensemble*, par la *subdivision*.

Ce premier *avantage*, formant pour les rentiers un point *fixe* de départ, serait suivi d'autres *améliorations* presqu'*assurées* qui, sous tous les rapports, seraient *profitables* au gouvernement, sans être, en quoi que ce soit, *nuisibles* à la caisse du trésor, et à celle des contribuables.

I

Point de départ.

Nous avons vu précédemment qu'une *amélio-ration* jusqu'à trois pour cent du cours de nos rentes *reculerait* de

15 années, 1 mois, 21 jours.

La *possibilité* de *procurer* aux contribuables les 400 millions de *décharges* qu'un jour ils devront *enfin obtenir* comme *compensation* de leurs *immenses sacrifices;*

Et qu'elle *éleverait,* en outre, leur *perte* totale jusqu'à

12,681,088,600 fr.

Somme dans laquelle se trouvent comprises,

1°. La dette *primitive* de... 3,372,683,316 fr.
2°. La *perte* dès aujourd'hui inévitable, de............. 3,159,910,492 fr.

Ensemble............. 6,532,593,808 fr.

C'est cet *excédant* de pertes de

6,148,494,800 fr.,

Dont j'ai cherché à *soulager* les contribuables,

en présentant toutefois de tels *avantages* aux rentiers, qu'ils dussent, dans l'état actuel des choses, accepter, avec *empressement* et *reconnaissance*, les dispositions du plan.

Ils auraient en cela un *double* avantage;

Celui de n'être pas *sacrifiés*, ainsi qu'ils le seraient, par le projet de *réduction;*

Au contraire de se trouver réellement *avantagés;*

Celui de ne pas voir *sacrifier* également les contribuables dont ils font partie, et qui, en définitive, le seraient comme eux, par suite du projet de *réduction.*

Tous ces avantages, je les puise principalement dans une combinaison bien entendue de nos *moyens.*

Je *lie* et *j'enchaîne* de telle manière ces moyens que j'en obtiens, par compensation *respective*, tous les *avantages* que j'en peux désirer.

Mon cercle est tellement *clos*, que mon ensemble ne pourrait éprouver aucun changement, sans entraîner *nécessairement* en définitive une différence d'aspect.

Cet objet est d'une si haute importance, que je n'ai nullement *redouté* le reproche de *prolixité.*

J'ai préféré, pour ne rien laisser à désirer, entrer dans les détails les plus *minutieux*, afin de faciliter la *vérification* de toutes mes propositions, en les réduisant aux premières règles de l'arithmétique.

De même, pour ne pas fatiguer *l'attention* de mes lecteurs, j'ai préféré répéter des tournures entières de phrases, plutôt que d'indiquer des renvois.

J'ai désiré, enfin, qu'on pût me lire comme on lit généralement tous les livres étrangers aux sciences et aux chiffres.

Bases du plan.

Je vais parcourir succinctement les élémens de ces dispositions.

D'abord recherchons quelle serait, dans notre position, en n'y supposant aucune *novation*, et en admettant les circonstances les moins *défavorables* au gouvernement, savoir rachat au pair

de nos 5 pour cent, la *durée* de notre amortissement.

Au premier janvier 1824, les rentes rachetées
s'élèvent à.................... 31,912,021 fr.

Joignant à cette ressource annuelle, 1° le dernier huitième
de la vente des 150 mille hec-
tares de bois, qu'on peut, en prenant pour bases les antécédens,
porter à..................... 13,000,000 fr.

2°. La dotation annuelle de.. 40,000,000 fr.

On a, pour la *puissance amor-*
tissante, en 1824............ 84,912,021 fr.

Le *rachat* de rentes, fait au denier vingt, sera
donc, en 1824, de............. 4,245,601 fr.

Y joignant, 1° les *rachats* précédens de.................... 31,912,021 fr.

2°. La *dotation* annuelle de... 40,000,000 fr.

On aura, pour la *puissance*
amortissante, en 1825........ 76,157,622 fr.

Le *rachat* de rentes, fait au denier vingt, sera
donc, en 1825, de............. 3,807,881 fr.

Y joignant la *puissance* amortissante de 1825, savoir....... 76,157,622 fr.

On aura, pour la *puissance*
amortissante, en 1826......... 79,965,503 fr.

En 1826, la *puissance amortissante* n'agirait que pendant *six* mois ; elle serait donc réduite à moitié, savoir à

39,982,751 fr.

Le *rachat* de rentes, fait au denier vingt, serait donc, pendant les six premiers mois de 1826, de

1,999,137 fr.

Ainsi, au 30 juin 1826, on aurait ces divers résultats.

Rentes rachetées.

Avant 1824....................31,912,021 fr.
En 1824........................4,245,601 fr.
En 1825........................3,807,881 fr.
Pendant les 6 premiers mois
de 1826........................1,999,137 fr.
Ensemble..............41,964,640 fr.

Rentes encore à racheter.

Totalité des rentes inscrites. 197,480,266 fr.
Rentes rachetées............41,964,640 fr.
Resterait à racheter.......155,515,626 fr.

*Puissance annuelle de la caisse d'Amortisse-
ment, à partir de juillet 1826.*

Rentes rachetées.......... 41,964,640 fr.
Dotation annuelle......... 40,000,000 fr.

Ensemble............ 81,964,640 fr.

Avec ces données, on trouve que la durée des
rachats, en ne les supposant faits qu'au denier
vingt, serait, à partir du premier juillet 1826,
de

21 années, 1 mois, 25 jours :

Et que l'amortissement ne serait achevé que
le

25 août 1847.

Je fixe, en conséquence, la durée des combinaisons de mes plans à la fin de 1847, afin de faire
profiter les contribuables de tous les *avantages*
relatifs à l'*inéventualité* des taux de rachats,
sans *altérer* ces avantages, par une *prolonga-
tion* de libération.

PLAN

conçu d'après la présentation du Projet mi-nistériel rectifié.

5o millions de rentes.

Dans ce plan, je *donne* aux indemnisés un re-venu *égal* à celui qu'ils *avaient* en 1790, revenu reconnu et avoué par la *déclaration ministérielle.*

Le résultat de ce plan serait :

Libération à la fin de 1847.

1°. De notre situation rentière ;

2°. Du capital, après acquittement d'arrérages, de la portion d'arrérages assignée aux anciens propriétaires des biens confisqués, savoir:

5o millions.

L'exigence de cette combinaison serait, an-nuellement, ainsi qu'il suit :

	fr.
Arrérages d'indemnités.......	5o,000,000.
Fonds d'amortissement.........	38,000,000.
Ensemble............:.........	88,000,000.

MOYENS

de nous procurer les fonds annuels nécessaires
à l'exécution de ce plan.

PREMIER MOYEN

puisé dans des économies sur les frais de perception.

Il n'existe de *frais* de *perception* que parce
qu'il est impossible aux contribuables de verser
directement au trésor royal le montant de leur
quote-part proportionnelle pour subvenir aux
besoins de l'État.

Ces deux *débours* sont donc *distincts*.

Dès-lors, on peut établir les rapports qui
existent entre eux.

Pour établir ces rapports, on peut prendre
comme *unité* la *recette brute*, c'est-à-dire, l'ensemble des deux débours des contribuables, ou
bien la *recette nette*, c'est-à-dire, la somme disponible pour le trésor royal, après l'acquittement des *frais* de *perception*.

On conçoit que, dans le *premier* cas, le *nombre* de *rapport*, exprimant les *frais de perception*, doit être *moindre* qu'il ne le serait dans le *second*.

Je me servirai ici du rapport entre les recettes *nettes* et les *frais de perception*, et je prendrai pour *unité* de *comparaison* le nombre 100.

Ainsi, si une *recette brute* de 110 fr. a procuré au trésor une *disposition nette* de 100 fr., je dirai que les *frais de perception* ont été de 10 pour 100; ou, ce qui revient au même, pour connaître le débour total des contribuables, il faut ajouter 10 fr. à chaque 100 fr. de *recette nette*, *disponible* par le trésor.

En suivant cette marche, on trouve qu'en 1780 les *recettes nettes* se sont élevées à

527,000,000 fr.;

Et que les *frais de perception* se sont élevés à

58,000,000 fr.;

Ce qui établit la moyenne des taux de *frais de perception* à

11 pour 100.

En 1823, la moyenne des taux de frais de perception s'est élevée à

18,85 pour 100.

Et d'abord je me demande :

Pourquoi les *frais de perception* seraient–ils, en 1823, plus *élevés* qu'ils ne l'étaient en 1780 ?

Je n'apercevrais, ni dans le prix du *marc d'argent*, ni dans celui des *immeubles*, ni dans celui de *l'intérêt légal*, ni même dans *le prix comparatif des denrées*, aucun motif de *détérioration* à cet égard.

Je n'hésite donc pas à dire que ; si l'on en avait *la volonté ferme et tenace*, on pourrait *ramener* le taux des *frais de perception* au taux des *frais de perception* de 1780.

Mais pour donner plus de *facilités*, je ne partirai que de la moyenne de ces deux *extrêmes*.

En 1780............... 11,00 pour 100.
En 1823............... 18,85 pour 100.
Ensemble............. 29,85 pour 100.
Moyenne.............. 14,925 pour 100.
Environ.............. 15 pour 100.

Que si l'on me disait que de telles *fixations* sont bonnes sur le papier, mais ne peuvent que difficilement se *réaliser* ;

Je m'appuierais, pour renverser cette objection, sur un fait qu'on ne pourrait pas me *contester*, et qui prouve que ma *fixation* est d'autant plus *admissible* qu'elle a, à très-peu près, eu lieu il y a peu d'années.

En effet, en 1818, les frais de perception ne se sont *élevés* qu'à

16,73 pour 100.

Je concevrais donc qu'en principe général, il serait *ordonné*, par une *loi*, que, dorénavant, la *moyenne* des *frais* de *perception* de toute nature ne pourrait *dépasser*

15 pour 100.

Sauf aux ministres à *répartir* ce taux sur chacune des rétributions, en *quotes parts inégales*, suivant les *convenances*.

En partant de cette *base*, voyons quelle serait l'importance de cette fixation.

En 1823, les recettes nettes s'élèvent à

725,951,895 fr.

En calculant les frais de perception à 15 pour 100, ils s'éleveraient à..... 108.892,784 fr.

Ces frais, en 1823, s'élèvent à 136,852,753 fr.

La diminution des frais serait donc de.................... 27,959,969 fr.

Autant dire.................... 28,000,000 fr.

Ce sont ces 28 millions que je proposerais de consacrer comme l'une des ressources des besoins du plan.

OBSERVATIONS

Sur la réduction des frais de perception, con-sidérée comme moyen de ressource.

Je ne me suis pas dissimulé, en rédigeant cette disposition du plan, que, dans des objets de cette nature, les principales et les plus grandes difficultés naissent d'une force secondaire d'iner-tie, trop souvent *dirigée* par l'influence de ce qui peut *atteindre* des intérêts, des amours-propres, et des exigences *subalternes*.

C'est en ce sens que j'ai dit, je crois avec juste raison :

« Nous avons le *pouvoir*, il ne nous manque » qu'un *vouloir* imperturbable.

« Non, ce vouloir *inconstant* qui s'épouvante
» de tout *obstacle*, de toute *résistence*; mais ce
» vouloir *opiniâtre* et *persévérant* qui veille
» tant qu'il n'a pas *atteint* son but. »

Réduire les frais de perception! ne manque-
ra-t-on pas de s'écrier : ce serait ôter tout moyen
d'exécution; ce serait presque *paralyser* tout
moyen d'*encaissement*....

Ebranlées par cette assertion, *prononcée* sans
conviction mais avec un certain ton d'*assurance*,
les personnes *timorées* pourraient dire :

Dans ce *doute* ne vaudrait-il pas mieux *s'abs-
tenir*?

Peut-être même ajouteraient-elles :

Si la réduction des frais de perception *entrave*
et *paralyse* les perceptions, le mal qui en résul-
tera pourra *dépasser* le genre de bien qu'on aura *obtenu*;

Si la réduction des frais de perception ne pouvait pas s'*effectuer*, la disposition qu'on aurait
prise ne pourrait pas avoir d'*exécution* et le
Gouvernement éprouverait le *désavantage*, d'une
haute conséquence, d'avoir été forcé de manquer
à ses *promesses*.

Il pourrait même exister des personnes encore plus craintives, ou plus dociles, qui, pour rendre plus *spécieuse* leur *résistance*, s'appuieraient de mon épigraphe :

« En finances, les gouvernemens sages ne doi-
» vent pas s'exposer à des *chances éventuelles.*
» Lorsqu'ils y sont forcés, ils doivent au moins
» en fixer les limites. »

Dès-lors, avec quelque peu d'intentions *mal-veillantes*, on replacerait les questions dans un cercle de controverses et d'*arguties.*

Malheureusement, quand on en est réduit à ce genre de *lutte*, on peut se *combattre* presqu'*éter-nellement* sans se *convaincre.*

Un seul mot, une seule *différence* de *ponc-tuation* dans la *proposition* ou dans son *inter-prétation*, ou dans son *application*, ouvre une nouvelle voie qui conduit à des résultats pres-qu'*opposés.*

Dans de semblables positions, c'est souvent celui qui parle le dernier qui a raison.

Avec des chiffres, une *omission* ou un *déplace-ment* des élémens de la proposition frappe presque instantanément les yeux.

Les nuances sont absolues.

Dans les *controverses* de *phrases*, les nuances de *modifications*, quoiqu'*infinies*, sont presqu'*imperceptibles*, tandis que leur *influence* a souvent une grande *ramification*.

C'est ainsi que, par fois, les meilleurs esprits, quoiqu'en *différence* d'opinion dans des controverses relatives à des questions en apparence *évidentes*, au moins pour tous autres, professent cependant des sentimens semblables.

Sur toutes autres questions, en soi indifférentes à leurs *influences* d'*intérêts*, ces mêmes parties, que je suppose toujours avoir un *esprit juste*, tomberaient d'*accord*.

Tout se réduira donc, dans ce genre de controverse, à des sentimens de *conviction*.

Si les Chambres et le ministère ont le même sentiment de *conviction*, soit que la *réduction* des frais de perception puisse s'*effectuer*, soit qu'elle ne puisse pas avoir lieu sans de grands inconvéniens, cette base du plan devra être,

Soit, adoptée,

Soit, rejetée.

Mais s'il existe dissentiment entre l'opinion des chambres et celle du ministère ; si, par exemple, les chambres croient à la *possibilité* de la réduction des frais, et si le ministère la *conteste* et l'*empêche*, le ministère qui se déclarerait *incapable* de l'opérer, devrait se *retirer*, et faire place à un *autre qui, certes, saurait bien l'effectuer*.

Car cette réduction est déjà, par le *fait, jugée matériellement possible* ;

Elle a existé en 1818.

D'ailleurs, le moindre banquier ne ferait-il pas arriver à sa caisse les moindres sommes, du fond du plus petit village, avec une remise de 15 pour cent ?

Une grande administration, toujours présente par-tout, pourrait-elle donc moins que *des relations les plus bornées* ?

La chance du rejet de la réduction sur les frais de perception doit donc sembler d'autant moins à redouter, que cette réduction aurait le double avantage :

De satisfaire à la mesure de justice et de convenance, des indemnités, en soulageant efficacement, et, d'une manière absolue, les deux tiers des contribuables ; et en soulageant l'autre tiers d'une manière relative, mais presqu'absolue.

D'assurer, dans le cas de l'*ajournement* des indemnités, un fonds de réserve qui deviendrait la plus *immédiate garantie* du *salut* et de la *prospérité* de la France,

Et, dans tous les cas, de *fixer* pour l'*avenir* une amélioration très-importante dans la position financière des contribuables.

IIe. MOYEN

pour compléter l'exigence du plan.

L'exécution du plan exigerait annuellement un fonds supplémentaire. J'ai indiqué dans le chapitre précédent les moyens d'y subvenir partiellement ; voici ceux que je proposerais pour le compléter.

D'après les états que j'ai présentés dans la première partie de mon ouvrage en 4 volumes, le nombre des têtes existantes en France, depuis l'âge de vingt ans, jusqu'à l'âge de quarante ans, s'élève à

12,769,816 têtes.

Je divise ce nombre de têtes en neuf classes distinctes ;

Chaque classe comprend en conséquence

1,418,984 têtes.

Six de ces classes s'élevant à

8,513,904 têtes.

Seraient exemptes de toute participation à l'opération

La participation à l'opération reposerait donc uniquement sur

4,256,952 têtes,

Divisées en trois classes, chacune de

1,418,981 têtes.

La première classe *payerait* par année

12 fr.

La seconde classe *payerait* par année

17 fr.

La troisième classe *payerait* par année

20 fr.

Cette rétribution *se percevrait* pendant les vingt-deux années de l'exécution du plan.

L'administration des contributions directes serait chargée de l'encaissement de cette perception.

Les frais de perception sur les encaissemens seraient alloués sur le pied de 15 fr. pour chaque 100 fr.

Une somme *annuelle* de 500,000 fr. serait *consacrée* aux non-valeurs.

Les têtes de la troisième classe, contribuant

pour 12 fr. par année, auraient la faculté de se *libérer pour toujours*,

En *payant immédiatement* une somme de

_____ 170 fr. _____

· Au moyen de ce *payement*, elles seraient exemptes de toutes rétributions annuelles de ce genre, et il leur serait donné quittance *absolue* et *définitive*.

Les têtes de la seconde classe, contribuant pour 17 fr. par année, auraient la faculté de se *libérer pour toujours*.

En *payant immédiatement* une somme de

255 fr.

Au moyen de ce *payement*, elles seraient exemptes de toutes rétributions *annuelles* de ce genre, et il leur serait donné une quittance *absolue* et *définitive*.

Les têtes de la première classe contribuant pour 20 fr. par année, auraient la faculté de se *libérer pour toujours*,

En *payant immédiatement* une somme de

300 fr.

Au moyen de ce *payement*, elles seraient exemptes de toutes rétributions *annuelles* de ce genre, et il leur serait donné quittance *absolue* et *définitive*.

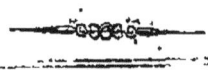

OBSERVATIONS
sur ce mode de rétribution,

Avant de m'arrêter à ces bases, je ne me suis pas *dissimulé* le genre d'objections qu'il était possible de faire sur cette nature de rétribution.

Je les ai, autant qu'il a été en moi, *comparées* et justement *appréciées.*

Leur *influence* m'a semblé *faible*, et j'ai, d'ailleurs, cherché à les *atténuer presque totalement* par mes dispositions,

Par l'exemption des deux tiers des têtes *passibles de rétributions*;

Par la *graduation* des rétributions,

Par la *minime importance* même des rétributions les plus fortes, qui se réduisent à un payement annuel de

20 fr.

Enfin, par la facilité d'une *libération instantanée*, avec remise des deux tiers environ du débours définitif, au moyen d'un *payement im-
médiat* de

5oo fr.

La seule objection *spécieuse* que pourrait
faire naître ce mode de rétribution, serait qu'il
comporterait nécessairement quelque peu d'inégalité dans son application, puisque les extrêmes de chaque classification payeraient une
somme égale.

J'en conviendrai ; mais comme la somme annuelle de rétribution, serait infiniment faible,
relativement à chaque fortune, les différences
entre les rapports réels deviendraient presque
inappréciables.

D'ailleurs, quel est le mode de perception
exempt d'inconvéniens? Il ne peut en exister.
Les modes de perception qui doivent être
préférés, sont ceux qui, non-seulement offrent
le moins d'inconvéniens, mais qui, sur-tout,
sont les moins désagréables aux contribuables.

Dispositions du Plan.

Pour éviter les répétitions, je procéderai ainsi qu'il suit :

Les dispositions qui seront *communes* aux titulaires de rentes, et aux titulaires des nouvelles distributions à faire aux anciens propriétaires des biens confisqués, seront classées sous la dénomination générale de,

Titulaires.

Les dispositions qui ne seront relatives qu'à ces nouvelles distributions, seront classées sous la dénomination générale de,

Indemnités.

Les dispositions qui ne seront relatives qu'aux rentiers actuels, seront classées sous la dénomination de,

Porteurs de rentes.

Ensemble du Projet.

A partir du 30 décembre 1826, les *titulaires* seraient remboursés au *pair*, c'est-à-dire, à raison de 100 fr. de capital contre chaque 5 fr. d'arrérages.

Le remboursement aurait lieu en 41 payemens, de six mois en six mois, le 30 juin et le 30 décembre de chaque année.

Le premier remboursement aurait lieu le 20 décembre 1826; le dernier remboursement aurait lieu le 30 décembre 1846.

Jusqu'au moment du remboursement, les *titulaires* continueraient à recevoir leurs arrérages à 5 pour 100, *intégralement* et sans aucune *réduction*.

Pour l'exécution de ces mesures, les *porteurs de rentes* devraient, à leur volonté, un mois après la promulgation de la loi à intervenir, faire la *déclaration* qu'il leur conviendrait que leur *remboursement* fût autant *reculé* que possible.

Les dates de remboursement seraient en sens

inverse de celles de ces déclarations ; c'est-à-dire, que ceux qui auraient fait les *premiers* leur déclaration, ne seraient remboursés qu'à la date la plus *reculée*, savoir en 1846.

Les déclarations *postérieures* seraient remboursées en 1845, et ainsi successivement, le remboursement se trouvant d'autant plus *rapproche*, que la déclaration aurait été plus *tardive*.

Les *indemnités* seraient *classées*, relativement à la *date* du remboursement, par ordre de numéros, *tirés au sort*, le 30 juin 1826.

A l'effet de l'exécution des remboursemens à faire aux *porteurs de rentes*, chaque titre des rentes 5 pour 100 serait échangé contre d'autres titres, dont les objets vont être spécifiés.

Le *porteur* de 500 fr. de *rentes*, au capital de 10,000 fr., en remettant ce titre au trésor, recevrait de lui, en échange, les titres suivans :

1°. Un titre, au capital de 9,000 fr., portant intérêt à 4 et demi pour cent, payables par semestres, au 22 mars et au 22 septembre de chaque année.

L'époque du *remboursement* du capital de ce

titre serait celle déterminée par la *date* de la
déclaration dont il vient d'être question.

2°. Autant de coupons de 47 fr. 50 c. chacun,
qu'il existerait de semestres entre le moment de
la déclaration , et l'époque du remboursement.

En outre, un coupon de 25 fr. 86 cent., pour
intérêts *complémentaires*, à compter du dernier
semestre échu, jusqu'à l'époque suivante du remboursement.

Ces coupons *compléteraient* les 500 fr. dus
annuellement, à raison du taux de 5 pour 100,
pour chaque unité de 10,000 fr. de capital.

Ces coupons d'intérêts seraient au *porteur*.

3°. Un titre de 1,000 fr., *remboursable* de même
à la date déterminée par la déclaration.

Ce titre serait, à la volonté du porteur *primitif*,
soit au *porteur*, soit *transférable* comme le capital des rentes.

Le remboursement de ce titre de 1,000 francs,
pourrait être *devancé* par des tirages au sort.

Si, avant son échéance, les tirages au sort, qui

auraient lieu tous les six mois, en indiquaient le *remboursement*, le porteur jouirait, *gratuitement*, de l'*anticipation* de ce remboursement.

Si, à l'époque déterminée pour son *remboursement*, les tirages au sort antérieurs n'avaient pas *devancé* cette époque de remboursement, il serait *remboursé*, à cette même époque, sans nul égard pour les tirages *ultérieurs*.

4°. Un titre portant *droit* au tirage qui aurait lieu le 30 decembre 1847, tirage dans lequel toutes le *unités* de 10,000 fr., capital de rentes, c'est-à-dire, la totalité des rentes inscrites, obtiendraient un lot dont le maximum d'importance s'éleverait jusqu'à

10 millions.

Ces titres, portant *droit* au tirage de cette loterie, seraient au *porteur*.

Il serait affecté aux indemnités à accorder aux anciens propriétaires de biens confisqués, une somme d'arrérages de 50 millions qui serait payée par semestre.

Le premier payement aurait lieu le 30 juin 1826, le dernier payement aurait lieu le 30 décembre 1847.

Le remboursement du capital des arrérages as-
signés aux indemnités, à accorder aux anciens
propriétaires des biens confisqués, serait remis
directement, d'après le mode suivant, aux ayant-
droit.

A l'effet du remboursement des *indemnités*,
chaque titre de 10,000 fr. serait échangé contre
d'autres titres dont les objets vont être spécifiés :

1°. Un titre au capital de 9,000 fr., portant intérêt à quatre et demi pour cent, payables par
semestres, au 22 mars et au 22 septembre de
chaque année, avec *retenue* d'un vingtième, laquelle serait versée dans la caisse de remboursement pour en faire emploi dans l'intérêt des *indemnités.*

L'époque du remboursement de ce titre de
9,000 fr., serait celle déterminée par le sort, dans
un tirage qui aurait lieu le 30 juin 1826.

2°. Autant de coupons de 47 fr. 50 c. chacun,
qu'il existerait de semestres, entre le 30 juin 1826,
et le moment de l'échéance de remboursement
assignée par le sort.

De plus, un coupon de 25 fr. 86 c., pour l'in-

térêt *complémentaire*, à compter du dernier semestre échu, jusqu'à l'époque suivante du remboursement.

Ces coupons *compléteraient* les 500 fr. dus an-
nuellement, à raison de 5 pour 100, pour chaque
titre de 10,000 fr.

Ces coupons seraient au *porteur*.

Ces coupons, au moment de leur délivrance,
seraient divisés en deux titres, l'un de 45 fr. 12 c.
formant les 19 vingtièmes de la somme totale, l'autre de 2 fr. 38 c., formant le vingtième de la somme
totale.

Ce dernier représenterait la retenue du vingtième.

3°. Un titre de 1,000 fr., *remboursable* de même
que celui de 9,000 fr., à la *date* indiquée par le
tirage au sort du 30 juin 1826.

Ce titre serait, à la volonté du premier *ayant
droit*, soit au *porteur*, soit *transférable* comme
le capital des rentes et des *indemnités*.

Le *remboursement* de ce titre de mille francs,
pourrait être *devancé* par des tirages au sort.

Si, avant son échéance, les tirages au sort qui

auraient lieu tous les six mois, en indiquaient le *remboursement*, le porteur jouirait, *gratuite-ment, de l'anticipation* de ce remboursement.

Si, à l'époque déterminée pour le remboursement, les tirages au sort antérieurs n'avaient pas *devancé* son époque de remboursement, il serait *remboursé*, à cette même époque, sans nul égard pour les tirages *postérieurs*.

En échange de la *retenue* d'un vingtième sur les arrérages, savoir, sur ceux, *représentés* par les coupons , et sur ceux attribués aux titres de 9,000 fr., retenue dont l'*importance* serait déterminée *immédiatement* par la *fixation* de l'époque du remboursement, il serait donné un titre *unique*, dont le capital serait acquitté avec bonification de lots, le 30 décembre 1847.

Ce titre ne serait pas au *porteur*, il serait *nominal* pour celui qui y aurait droit.

Il ne serait pas même *négociable*, et ne serait *transmissible* que par héritage.

Le premier semestre des arrérages dus aux *indemnités*, serait versé à la caisse de remboursement, pour augmenter d'autant ses fonds de remboursement.

Par ce moyen , les *indemnités* ne commence-

raient à toucher des arrérages que le 30 décembre 1826,

4°. Un titre portant *droit* au tirage qui aurait
lieu le 30 décembre 1847, tirage dans lequel
toutes les *unités de 10,000 fr.* capital d'*indemnités*, c'est-à-dire, la totalité des *indemnités*, obtiendraient concurremment avec les *unités* de 10,000
capital des rentes, un lot dont le maximum d'*importance* s'éleverait à

Ces titres, portant droit au tirage de cette loterie de 1847, seraient au *porteur*.

5°. Un titre portant droit au tirage d'une seconde loterie, qui aurait lieu au 30 décembre
1847, et dans laquelle n'entreraient que les numéros relatifs à la retenue du premier semestre
d'arrérages, loterie dans laquelle tous les lots
seraient *gagnans*.

L'importance du moindre lot serait de

10,000 fr.

L'importance du principal lot serait de

5 millions.

6º. Un titre portant *droit* au tirage d'une troisième loterie, qui aurait lieu le 30 décembre 1847, et dans laquelle n'entreraient que les numéros relatifs à la retenue du vingtième des arrérages ; loterie dans laquelle tous les lots seraient gagnans.

L'importance du moindre lot serait de

10,000 fr.

L'importance du principal lot s'éleverait à

5 millions.

Ces titres de retenue seraient; primitivement, versés dans la caisse de remboursement, qui serait chargée de les faire *fructifier*.

A la fin de chaque semestre, cette caisse verserait, dans la caisse dont il va être question, le capital et les intérêts de cette retenue.

Il serait, à cet effet, formé un comité particulier, composé :

D'un Pair de France,

De l'Archevêque de Paris,

Du Grand-Maître de l'Instruction publique,

3

D'un Membre de la Chambre des Députés,

Du Premier Président de la Cour de cassation,

Du Premier Président de la Cour des comptes;

Du Premier Président de la Cour royale,

Du Premier Président du Tribunal de première instance,

Du Président de la Chambre de commerce,

Des quatre principaux anciens propriétaires des biens confisqués,

Et d'un Commissaire du Gouvernement.

Ce comité s'assemblerait une fois chaque semestre.

- Il apprécierait les demandes de secours qui pourraient être faites par ceux de MM. les anciens propriétaires des biens confisqués qui désireraient ne pas négocier leurs titres, et leur ferait la distribution, dans le rapport qu'il jugerait convenable, des fonds versés par la caisse de remboursement, à l'intérêt de quatre pour cent.

La *garantie* de ces avances, en capital, et intérêts, ne pourrait consister que dans une portion suffisante des titres mêmes délivrés aux *indemnités*.

Ces titres resteraient en *dépôt* jusqu'au remboursement des avances.

A l'effet de l'encaissement des versemens à effectuer chaque semestre par la caisse de remboursement, et du dépôt des titres donnés en garantie, il serait établi, dans le lieu du local où s'assemblerait le comité, une caisse à trois clefs.

L'une de ces clefs serait entre les mains d'un
des membres du comité, tiré au sort, autres que
MM. les anciens propriétaires des biens confisqués, et que le Commissaire du Gouvernement.

La seconde clef serait entre les mains d'un de
MM. les anciens propriétaires des biens confisqués, soit à leur choix, soit désigné par tirage
au sort.

La troisième clef resterait entre les mains du
Commissaire du Gouvernement.

Toutes ces fonctions, même celle du Commis
saire du Gouvernement, seraient *gratuites*.

Le Pair et le membre de la Chambre des Députés, qui devraient entrer dans la composition
du comité, seraient nommés par le Roi, sur la

présentation de trois Pairs, et de trois membres de la Chambre.

Le Commissaire du Gouvernement serait nommé par le Roi.

À l'effet des *anticipations* de remboursement, relatives soit aux rentes, soit aux *indemnités*, la caisse d'amortissement disposerait, par chaque semestre, d'une somme de 5 millions, depuis le 30 décembre 1828, jusqu'au 30 décembre 1841.

Le dernier versement à effectuer pour les anticipations, le 30 décembre 1841, serait de 13,312,520 fr. pour *solde*.

Pour le *complet* remboursement de la totalité des titres de toutes natures, de 9,000 fr., et de 1,000 fr., pour les anticipations de remboursement, et pour tous les genres de lots des trois loteries, les fonds de l'amortissement seraient augmentés de

38,000,000 fr.

A partir du 30 juin 1826, la caisse d'amortissement cesserait ses rachats, et serait transformée en *caisse de remboursement*.

À cet effet elle continuerait à percevoir

1°. La dotation ordinaire de quarante mil-lions;

2°. Les arrérages des rentes rachetées par elle, jusques et compris le 3o juin 1846;

3°. La dotation *supplémentaire* de

38,000,000 fr.

4°. En outre, les arrérages des titres par elle remboursés.

L'ensemble de cette puissance amortissante lui serait versé par le trésor royal de six mois en six mois.

Le premier versement aurait lieu le 3o juin 1826; le dernier versement aurait lieu le 3o décembre 1847.

Le trésor ajouterait à ce versement, pour les trois premiers articles, un intérêt de trois mois de jouissance, sur le pied du taux légal. —

Chaque semestre, la caisse de remboursement ferait fructifier ses fonds disponibles, en place-mens sur valeurs du gouvernement, mais tou-jours de telle manière que le 3o juin et le 3o décembre de chaque année, la totalité de ses fonds, en capital et en intérêts, soit disponible entre ses mains.

RÉPONSES

aux objections prévoyables relativement à ce plan.

Je connaîtrais bien peu les hommes et les choses, si je n'avais pas le sentiment, et l'*espoir*, que mes idées et mes combinaisons seront soumises à un rigide examen.

Dans des controverses de ce genre, il ne peut y avoir, relativement aux résultats numériques, de véritable *discordance* d'opinion.

Les calculs sont exacts, ou ne le sont pas.

A ce sujet, il faut qu'au bout de bien peu de temps tout le monde soit d'accord.

Il n'en est pas ainsi relativement aux bases des plans financiers.

Chacun peut les envisager sous un point de vue différent, suivant le genre de *mobile* qui influence son examen et son *jugement*.

Et si, dans de semblables controverses, les talens de discussion sont égaux, presque toujours c'est celui qui parle le dernier qui a raison.

J'ai donc dû me déterminer, guidé par l'ardent désir de l'effectuation du bien, à juger mon travail avec autant de *sévérité* que pourront le faire d'autres bonnes et pures intentions.

Je vais, en conséquence, présenter quelques-unes des principales objections qui pourraient m'être faites, et les raisons qui m'ont déterminé à n'y avoir pas égard.

On me dira :

Vous avez posé comme principe, et vous avez raison, que, sans nulle exception, toutes les dépenses d'un état, directes ou indirectes, sont, *plus* ou *moins tôt*, *plus* ou *moins tard*, une charge matérielle pour les contribuables.

Or, finalement, l'actif de votre plan est de

214,000,000 fr.

Valeur de 1826, ou de

508,000,000 fr.

Valeur de 1847.

Ce sera donc là une charge pour les contribuables.

Qui, répondrais-je.

Mais observez qu'en n'adoptant pas le plan,
ou ne faisant pas une *novation équivalente* dans
notre position rentière actuelle, la perte, pour
les contribuables, aurait pu, finalement, s'éle-
ver à

6,167,494,800 fr.

Dès-lors, défalquant de cette somme les
508,000,000 fr., dont les contribuables resteront
encore chargés, loin d'ajouter à leur charge actuelle, vous les aurez, au contraire, réellement
soulagés de

659,494,800 fr.

Mais, ajoutera-t-on, les

214,000,000 fr.,

valeur de 1826

qui forment l'actif de votre premier plan, tour-
neraient principalement à l'avantage des rentiers, et nous aurions pu éviter cette dépense.

A cela je réponds,

Ou vous avez le droit, ou vous n'avez pas le droit de remboursement;

Ou, supposant ce droit, et en usant, vous avez intérêt à *ménager* les rentiers et les capitalistes titulaires de rentes e t ne pas les mettre totalement *de côté*, comme ne pouvant plus jamais vous être d'aucune *utilité*.

Le droit de remboursement, ne résultant pas *directement* du titre formel des contrats, a été et serait encore controversé par des autorités du premier ordre.

On s'appuie, pour *asseoir* ou pour *nier* ce droit, sur des inductions, sur des conséquences.

Mais, dans de telles controverses, il entre un élément nouveau qui, pour la *conscience*, doit être un grand poids dans la balance.

C'est le *préjudice*, que, sans qu'il soit *commandé* par le salut de l'état, on veut faire supporter à ceux qui, soit *primitivement*, soit *successivement*, se sont *livrés*, de bonne foi, à votre *justice* et à votre *loyauté*, sur lesquelles ils se complaisaient à n'asseoir aucune doute.

Certes, le texte formel des contrats ne pouvait pas leur laisser concevoir d'incertitude à ce sujet.

Les propositions formelles émanées des autorités supérieures devaient même *augmenter* leur
sécurité.

Eh bien, ils se seraient abusés! Ils n'auraient
embrassé qu'une illusion!

J'y consens.

Mais, au moins, il y a eu de leur part *bonne-
foi pleine* et *entière*.

Et à qui serait due leur erreur?

Uniquement à ce que la *rédaction* du contrat
n'aurait pas été *revêtue* de cette *clarté* qui doit
toujours environner tout gouvernement perspi-
cace et bienveillant.

Et vous les puniriez d'une *faute* que, légale-
ment, on pourrait considérer comme vous étant
personnelle!

S'y laisseraient-ils reprendre une seconde fois!

Plus *perspicaces*, à leurs dépens, ils pourraient
bien, dans de nouveaux contrats, *exagérer* même
les *précautions*.

Que reste-t-il donc à faire dans le doute du
droit de remboursement?

L'effectuer, mais ne l'effectuer que du *consentement* de tous, afin de ne pas dégoûter injustement les rentiers, en les plaçant dans une position *contrainte* et forcée.

Faire enfin ce que font, dans toutes discussions graves et chanceuses, les parties intéressées qui savent ce qu'il en coûte pour *éterniser* des luttes, ou pour ne les terminer que par le *droit* du plus fort.

Elles se *rapprochent*, font *mutuellement* quelques *concessions*, enfin finissent par ne pas donner lieu à la juste *application* de l'apologue des plaideurs.

C'est sous cet aspect que je considère comme très-peu importante, même relativement aux contribuables, la portion d'avantages que je consacre aux rentiers.

Pour les titulaires actuels, ce sera bien certainement un grand *appât*, parce qu'il dépassera ce qu'ils pourraient pour l'instant *espérer*.

Et cependant, en même temps les contribuables allégeraient leurs sacrifices futurs de plus des dix-neuf vingtièmes, c'est-à-dire que, sur chaque vingt millions, de la somme des milliards que, dans l'ordre des probabilités, ils auraient eu à payer, ils se trouveraient réduits à une perte de un million.

Qui perdrait cette énorme masse de millions dont profiteraient les contribuables ?

Les éventualités des *spéculateurs* à venir, qui, autrement, profiteraient de toutes les chances *d'amelioration* sur lesquelles leur position *antérieure* ne leur donnerait pas de *légitime* droit.

Mais, dira-t-on encore, nous concevons que, ainsi que vous en avez eu l'intention, les rentiers, considéreront comme une *faveur* le mode de *remboursement* que vous leur proposez, et que, par suite, ils se regarderont comme d'autant plus favorisés que *l'époque* de l'assignation de leur remboursement sera plus reculée.

En conséquence, il est infiniment probable que *tous* s'empresseront de venir faire leur déclaration ;

Mais les plus rapprochés du centre auront, à cet égard, plus *d'avantages* que les plus éloignés ;

Il est vrai que, pour parer à cet inconvénient, vous laissez un laps de temps suffisant entre la promulgation de la loi et l'ouverture du registre sur lequel seront inscrites les déclarations pour que chacun jouisse du même avantage :

Dès-lors, qu'arrivera-t-il?

Que toutes les déclarations surviendront le même jour au trésor.

Cela est *possible*.

Cela est même *probable*.

Dans ce cas, on tirera au sort pour *fixer* les époques de remboursement.

Mais en cela, dira-t-on, il y aura *inégalité*, le plus *heureux* sera le plus *favorisé*.

A cela je répondrais :

Je crois que cela est un mal *inévitable*.

Serait-il possible de mieux faire? faisons-le, j'adopte d'avance toutes autres dispositions, car cette condition n'est nullement de l'essence du plan.

L'idée mère du plan, est que tout le monde, sans exception, soit *matériellement ou relative-ment content*, et, plus ou moins, *avantagé*.

Si vous pouvez remédier à l'inconvénient possible du tirage au sort pour la fixation directe de l'époque du remboursement, le but du plan sera *complètement* atteint, parce qu'alors personne n'aura plus aucun genre de mécontentement ou de regret.

Enfin la dernière objection serait celle-ci :

Mais si les rentiers entendent assez mal leur intérêt, pour ne pas vouloir user de la *faculté* d'être *remboursé*?

A cela je répondrais.

Puisque vous soutenez que vous avez ce *droit* de *remboursement*, vous en *useriez*, en établissant, comme *absolu*, le remboursement dont je désirerais n'être redevable qu'à une mesure facultative.

Dans le doute de l'existence du droit, vous obtiendriez au moins, en en *usant* dans une telle circonstance, un *assentiment général* de l'opinion publique, et, sans doute, bientôt tout le monde aurait à vous féliciter d'avoir fait, contre leur gré, un bien réel aux titulaires de rentes.

Je ne sais si je me fais illusion, mais il me semble que de telles réponses devraient faire disparaître toute nature d'objections.

OBSERVATIONS

sur la retenue d'une portion des arrérages.

Je retiens aux *indemnités*, le premier semestre des arrérages, qui leur est attribué avant le premier remboursement ;

Je leur retiens, en outre, pendant la durée de l'opération, un vingtième de leurs arrérages ;

Je ne rembourse ces retenues, avec de fortes primes d'amélioration, qu'à *l'achèvement* de l'opération.

Matériellement, cette retenue ne m'était pas *indispensable ;*

J'aurais pu suppléer à cette ressource par d'autres moyens et par d'autres combinaisons ;

Mais alors l'un de mes buts *principaux* n'aurait pas été *atteint.*

Voici ce but :

Il me semblerait très-*désirable*, pour faire cesser les *dissensions* de toute nature, qu'au moins les intérêts du même *genre*, de même *espèce*, les

intérêts *communs*, fussent, autant que possible,
unis et *amalgamés*;

Ce n'est pas là un des moindres mobiles de la
suprématie anglaise;

Nommons ce genre *d'amalgame*, *esprit national*, ou donnons lui toute autre dénomination,
qu'importe?

Quand nos *intérêts* nous y portent, marchons
au moins dans le *même sens*;

En attendant *mieux*, contentons-nous de ce
bien, et considérons-le avec raison comme *salutaire*.

Je désirerais donc qu'un intérêt *réel*, au moins
une portion de ce genre d'intérêt, portât les *indemnisés* à demeurer *unis* à l'exécution du plan,
et à y apporter une *sollicitude* réelle.

La position des anciens propriétaires des biens
confisqués peut ne pas permettre à tous de *jouir*
de cet avantage, relativement à tout ce qui peut
être promptement et matériellement *réalisable*;

Mais ces facilités de réalisation *absolue* seraient
un peu moins *prononcées* pour ce qui sera *plus*
ou *moins chanceux*.

C'est cette matière à chance que je désirerais ne pas voir *sortir* de leurs mains.

Bien certainement, ils reconnaîtraient promptement qu'en marchant avec *calme* dans la même *voie*, on finirait nécessairement par s'entendre, se *comprendre* et se *servir* mutuellement.

Toutes les *facultés* humaines, et tous les *avantages* de la nature et de la civilisation, se concentrent *rarement* sur les mêmes têtes.

Que chacun fournisse sa *quote-part* de rétribution en tous genres, et l'on *atteindra* promptement les limites assignées par le ciel à la puissance humaine, relativement à la *prospérité nationale.*

Je forme donc le vœu ardent que chacun de Messieurs les anciens propriétaires des domaines confisqués, porteur d'un droit au tirage des lots relatifs à la retenue du premier semestre, et à celui relatif à la retenue d'un vingtième sur les arrérages, les conserve sans altération.

Il ne pourrait pas y avoir pour eux d'emploi plus *solide*, et de placement plus *lucratif :*

Il ne pourrait pas y avoir pour l'État de meilleure *garantie* de *calme*, d'*union*, et de *prospérité générale.*

4

MATÉRIEL DU PLAN.

Balances successives jusqu'au 30 décembre 1847.

Je suppose que le plan serait *adopté* en 1825, et qu'il serait mis à *exécution* en 1826.

Nous avons vu qu'au 30 juin 1826, la puissance amortissante de la caisse se-   fr.
rait de.......................... 81,964,640

Y joignant la nouvelle dotation
de.......................... 58,000,000

On a un ensemble de.......... 119,964,640
Y joignant les trois mois de jouissance au taux légal........ 1,499,558

                          fr.
On a un total de............. 121,464,198.

                              fr.
Dont la moitié pour chaque se-
mestre serait de................ 60,732,099.

Précédemment nous avons de même vu que le
30 juin 1826, la portion de rente   fr.
encore en circulation s'élevera à.. 155,515,626.

Y joignant les arrérages des indemnités, savoir : .... 50,000,000.

La totalité des arrérages, dont le
capital devrait être remboursé, serait de.......................... 205,515,626.

Dans l'attente que, conformément aux désirs du gouvernement, le taux de l'intérêt de l'argent pourra *généralement diminuer*, je ne calculerai le produit des actifs en caisse qu'au taux d'intérêt de 4 pour 100.

~~~~~~~~~~~~~~~~

NOMBRE

des titres de 9,000 fr. et de 1,000 fr. à délivrer.

Dans ce plan, les arrérages à servir s'élèveraient à

205,515,626 fr.

Qui, au denier vingt, représentent un capital de

4,110,312,520 fr.

En divisant ce capital par portion de 10,000 fr. chacune, on en aurait

411,031.

Chaque portion de 10,000 fr. du capital serait divisée en deux titres :

	fr.
L'un de......................	9,000.
L'autre de...................	1,000.
Ensemble	10,000.

Il existerait donc :

411,031 titres de 9,000 fr.
411,031 titres de 1,000 fr.

L'appoint de 2,520 fr. serait remboursé à l'achévement de l'opération.

Le remboursement total se composerait donc ainsi qu'il suit :

fr.

411,031 titres de 9,000 fr... 3,699,279,000.
411,031 titres de 1,000 fr... 411,031,000.
Appoint................... 2,520.

fr.

Ensemble .... 4,110,312,520.

ACTIF

de la Caisse de remboursement, au 30 juin 1286.

L'actif de la caisse de remboursement se composerait, au 30 juin 1826, ainsi qu'il suit :

1°. Partie du supplément de dotation, avec bonification pour jouissance moyenne................... 19,237.500.

2°. Un semestre des arrérages attribués aux indemnités........... 25,000,000.

fr.

Ensemble .... 44,237,500.

PREMIER REMBOURSEMENT.

3o *décembre* 1826.

~~~~~~

Actif.

	fr.
Restant en caisse, au 3o juin 1826.................................	44,237,500.
Deux pour cent d'intérêts, pour jouissance moyenne de trois mois, à raison de 4 pour 100 par an.....	884,750.
Dotation , par semestre........	60,732,099.
	fr.
Ensemble......................	105,854,349.

Passif.

	fr.
Pour remboursement de 5,500 titres de 9,000 fr. relatifs aux rentes.	49,500,000.
Pour remboursement de 5,500 titres de 1,000 fr. relatifs aux rentes.	5,500,000.
Pour remboursement de 1,500 titres de 9,000 fr. relatifs aux indemnités	13,500,000.
Pour remboursement de 1,500 titres de 1,000 fr. relatifs aux indemnités	1,500,000,
	fr.
Ensemble.......................	70,000,000.
A déduire de.................	105,854,349.
	fr
Reste en caisse.................	35,854,349

DEUXIÈME REMBOURSEMENT.

30 *juin* 1827.

Actif.

	fr.
Restant en caisse, au 30 décembre 1826....................	35,854,349.
Deux pour cent d'intérêts......	717,086.
Six mois d'arrérages du premier remboursement...........	1,750,000.
Dotation, par semestre........	60,732,099.
	fr.
Ensemble...................	99,053,534.

Passif.

	fr.
Pour remboursement de 5,500 titres de 9,000 fr. relatifs aux rentes.	49,500,000
Pour remboursement de 5,500 titres de 1,000 fr. relatifs aux rentes.	5,500,000.
Pour remboursement de 1,500 titres de 9,000 fr. relatifs aux indemnités........................	13,500,000.
Pour remboursement des 1,500 titres de 1,000 fr. relatifs aux indemnités........................	1,500,000.
	fr
Ensemble...................	70,000,000.
À déduire de,..............	99,053,534.
	fr
Reste en caisse.............	29,053,534.

TROISIÈME REMBOURSEMENT.

30 *décembre* 1827.

~~~~~~~

Actif.

	fr.
Restant en caisse, au 30 juin 1827..........................	29,053,534.
Deux pour cent d'intérêts.......	581,070.
Six mois d'arrérages des deux premiers remboursemens.............	3,500,000.
Dotation, par semestre........	60,732,009.
	fr.
Ensemble.....................	93,866,703.

Passif.

	fr.
Pour remboursement de 5,500 titres de 9,000 fr. relatifs aux rentes;.	49,500,000.
Pour remboursement de 5,500 titres de 1,000 fr. relatifs aux rentes..	5,500,000.
Pour remboursement de 1,500 titres de 9,000 fr. relatifs aux indemnités...........................	13,500,000.
Pour remboursement de 1,500 titres de 1,000 fr. relatifs aux indemtés...........................	1,500,000.
	fr.
Ensemble.....................	70,000,000.
A déduire de................	93,866,703.
	fr.
Reste en caisse..............	23,866,703.

QUATRIÈME REMBOURSEMENT.

50 *juin* 1828.

Actif.

	fr.
Restant en caisse, au 30 décembre 1827......................	23,866,703.
Deux pour cent d'intérêts.......	477,334.
Six mois d'arrérages des trois premiers remboursemens............	5,250,000.
Dotation, par semestre........	60,733,099.

	fr.
Ensemble....................	90,327,136.

Passif.

	fr.
Pour rembourement de 5,500 titres de 9,000 fr. relatifs aux rentes..	49,500,000.
Pour remboursement de 5,500 tittres de 1,000 fr. relatifs aux rentes..	5,500,000.
Pour remboursement de 1,500 titres de 9,000 fr. relatifs aux indemnités...........................	13,500,000.
Pour remboursement de 1,500 titres de 1,000 fr. relatifs aux indemnités...........................	1,500,000.

	fr.
Ensemble....................	70,000,000.
A déduire de................	90,327,136.

	fr.
Reste en caisse..............	20,327,136.

CINQUIÈME REMBOURSEMENT.
30 *décembre* 1828.

~~~~~~~

Actif.

	fr.
Restant en caisse, au trente juin 1828........................	20,327,136.
Deux pour 100 d'intérêts........	406,542.
Six mois d'arrérages des quatre premiers remboursemens.........	7,000,000.
Dotation, par semestre........	60,733,099.
	fr.
Ensemble....................	88,466,777.

Passif.

	fr.
Pour remboursement de 5,500 titres de 9,000 fr. relatifs aux rentes..	49,500,000.
Pour remboursement de 5,500 titres de 1,000 fr. relatifs aux rentes...	5,500,000.
Pour remboursement de 1,500 titres de 9,000 fr. relatifs aux indemnités........................	13,500,000.
Pour remboursement de 1,500 titres de 1,000 fr. relatifs aux indemnités.........................	1,500,000.
Pour anticipation de remboursement de 4,500 titres de 1,000 fr. relatifs aux rentes................	4,500,000.
Pour anticipation de remboursement de 500 titres de 1,000 fr. relatifs aux indemnités..............	500,000.
Ensemble....................	75,000,000.
A déduire de................	88,466,777.
	fr,
Reste en caisse..............	13,466,777.

SIXIÈME REMBOURSEMENT.

30 *juin* 1829.

Actif.

	fr.
Restant en caisse, au 30 décembre 1828.....................	13,466,777.
Deux pour 100 d'intérêts........	269,335.
Six mois d'arrérages des cinq premiers remboursemens.............	8,750,000.
Dotation, par semestre., ...	60,733,099.
Ensemble.....................	83,219,211.

Passif.

	fr.
Pour remboursement de 5,500 titres de 9,000 fr. relatifs aux rentes...	49,500,000.
Pour remboursement de 5,500 titres de 1,000 fr. relatifs aux rentes..	5,500,000.
Pour remboursement de 1,500 titres de 9,000 fr. relatifs aux indemnités.....................	13,500,000.
Pour remboursement de 1,500 titres de 1,000 fr. relatifs aux indemnités.....................	1,500,000.
Pour anticipation de remboursement de 4,500 titres de 1,000 fr. relatifs aux rentes..............	4,500,000.
Pour anticipation de remboursement de 500 titres de 1,000 fr. relatifs aux indemnités.............	500,000.
	fr.
Ensemble.....................	75,000,000.
A déduire de............	83,219,211.
	fr.
Reste en caisse...............	8,219,211.

SEPTIÈME REMBOURSEMENT.

3o *décembre* 1829.

~~~~~~

Actif.	fr.
Restant en caisse au 3o juin 1829.	8,219,211.
Deux pour cent d'intérêts......	164,384.
Six mois d'arrérages des six premiers remboursemens...........	10,500,000.
Dotation, par semestre.........	60,733,099.

	fr.
Ensemble................	79,616,694.

Passif.

	fr.
Pour remboursement de 5,500 titres de 9,000 fr. relatifs aux rentes.	49,500,000.
Pour remboursement de 5,500 titres de 1,000 fr. relatifs aux rentes..	5,500,000.
Pour remboursement de 1,500 titres de 9,000 fr. relatifs aux indemnités.......................	13,500,000,
Pour remboursement de 1,500 titres de 1,000 fr. relatifs aux indemnités.......................	1,500,000.
Pour anticipation de remboursement de 4,500 titres de 1,000 fr. relatifs aux rentes...............	4,500,000.
Pour anticipation de remboursement de 500 titres de 1,000 fr. relatifs aux indemnites...........	500,000.
Ensemble.................	75,000,000.
A déduire de.............	79,616,694.

	fr.
Reste en caisse.............	4,616,694.

HUITIÈME REMBOURSEMENT.

3o juin 183o.

~~~~~~

Actif.

	fr.
Restant en caisse, au 3o décembre 1829......................	4,6r6,694.
Deux pour cent d'intérêts.........	92,333.
Six mois d'arrérages des sept premiers remboursemens..........	12,250,000.
Dotation, par semestre........	6o,733,o99.

	fr.
Ensemble...................	77,692,126.

Passif.

	fr.
Pour remboursement de 5,5oo titres de 9,000 fr. relatifs aux rentes.	49,500,000.
Pour remboursement de 5,5oo titres de r,ooo fr. relatifs aux rentes.	5,500,000.
Pour remboursement de 1,5oo titres de 9,000 fr. relatifs aux indemnités.....................	13,5oo,ooo.
Pour remboursement de 1,5oo titres de 1,000 fr. relatifs aux indemnités.....................	r,5oo,ooo.
Pour anticipation de remboursement de 4,5oo titres de 1,ooo fr. relatifs aux rentes..............	4,5oo,ooo.
Pour anticipation de remboursement de 5oo titres de 1,ooo fr. relatifs aux indemnités.............	5oo,ooo.
Ensemble...................	75,000,000.
A déduire de.,.............	77,692,126.

	lr.
Reste en caisse................	2,692,126.

NEUVIÈME REMBOURSEMENT.

3o *décembre* 183o

Actif.

Restant en caisse, au 3o juin 183o .... fr. 2,69?,126.

Deux pour cent d'intérêts...... 53,842.

Six mois d'arrérages des huit premiers remboursemens .... 14,000,000.

Dotation, par semestre.......... 6o,733,o99.

Ensemble .... fr. 77,479,o67.

Passif.

Pour remboursement de 5,5oo titres de 9,ooo fr. relatifs aux rentes. fr. 49,5oo,ooo.

Pour remboursement de 5,5oo titres de 1,ooo fr., relatifs aux rentes. 5,5oo,ooo.

Pour remboursement de 1,5oo titres de 9,ooo fr. relatif aux indemnités............. 13,5oo,ooo.

Pour remboursement de 1,5oo titres de 1,ooo fr., relatifs aux indemnités............. 1,5oo,ooo.

Pour anticipation de remboursement de 4,5oo titres de 1,ooo fr., relatifs aux rentes............. 4,5oo,ooo.

Pour anticipation de remboursement de 5oo titres de 1,ooo fr., relatifs aux indemnités.......... 5oo,ooo.

Ensemble.................. 75,ooo,ooo.

A déduire de.................. 77,479,o67.

Reste en caisse................ fr. 2,479,o67.

DIXIÈME REMBOURSEMENT.

30 *juin* 1831.

~~~~~~

Actif.

Restant en caisse, au 30 décembre — fr.
1830.......................... 2,479,067.
    Deux pour cent d'intérêts....... 49,581.
Six mois d'arrérages des neuf premiers remboursemens............ 15,750,000.
    Dotation, par semestre........ 60,733,099.
                            fr.

 Ensemble................... 79,011,747.

Passif.

Pour remboursement de 5,500 ti- fr.
tres de 9,000 fr, relatifs aux rentes. 49,500,000.
    Pour remboursement de 5,500 ti-
tres de 1,000 fr. relatifs aux rentes. 5,500,000.
    Pour remboursement de 1,500 ti
tres de 9,000 fr. relatifs aux indemnités............................ 13,500,000.
    Pour remboursement de 1,500 ti-
tres de 1,000 fr. relatifs aux indemnités......................... 1,500,000.
    Pour anticipation de rembourse-
ment de 4,500 titres de 1,000 fr,, re.
latifs aux rentes............... 4,500,000.
    Pour anticipation de rembourse-
ment de 500 titres de 1,000 fr., relatifs aux indemnités............ 500,000.

 Ensemble.................... 75,000,000.
A déduire de............... 79,011,747.
                            fr.

Reste en caisse.............. 4,011,747.

ONZIÈME REMBOURSEMENT.

3o *décembre* 1831.

~~~~~~~~~

Actif.

	fr.
Restant en caisse, au trente juin 1831......................	4,011,747.
Deux pour cent d'intérêts........	80,234.
Six mois d'arrérages des dix premiers remboursemens............	17,500,000.
Dotation, par semestre..........	60,733,099.
	fr.
Ensemble	82,325,080.

Passif.

	fr.
Pour remboursement de 5,500 titres de 9,000 fr., relatifs aux rentes.	49,500,000.
Pour remboursement de 5,500 titres de 1,000 fr., relatifs aux rentes.	5,500,000.
Pour remboursem. de 1,500 titres de 9,000 fr., relatifs aux indemnités.	13,500,000.
Pour remboursem. de 1,500 titres de 1,000 fr., relatifs aux indemnités.	1,500,000.
Pour anticipation de remboursement de 4,500 titres de 1,000 fr., relatifs aux rentes.................	4,500,000.
Pour anticipation de remboursement de 500 titres de 1,000 fr., relatifs aux indemnités............	500,000.
Ensemble.....................	75,000,000.
A déduire de.................	82,325,080.
	fr.
Reste en caisse................	7,325,080.

DOUZIÈME REMBOURSEMENT.

30 *juin* 1832.

Actif.

	fr.
Restant en caisse, au trente décembre 1831	7,325,080.
Deux pour cent d'intérêts	146,500.
Six mois d'arrérages des onze premiers remboursemens	19,250,000.
Dotation, par semestre	60,733,099.
	fr.
Ensemble	87,454,680.

Passif.

	fr.
Pour remboursement de 5,500 titres de 9,000 fr., relatifs aux rentes.	49,500,000.
Pour remboursement de 5,500 titres de 1,000 fr., relatifs aux rentes.	5,500,000.
Pour remboursem. de 1,500 titres de 9,000 fr. relatifs aux indemnités.	13,500,000.
Pour remboursem. de 1,500 titres de 1,000 fr., relatifs aux indemnités.	1,500,000.
Pour anticipation de remboursement de 4,500 titres de 1,000 fr., relatifs aux rentes	4,500,000.
Pour anticipation de remboursement de 500 titres de 1,000 fr., relatifs aux indemnités	500,000.
Ensemble	75,000,000,
A déduire de	87,454,680.
	fr.
Reste en caisse	12,454,680.

TREIZIÉME REMBOURSEMENT.

3o *décembre* 1832.

~~~~~~~~~

Actif.

Restant en caisse, au trente juin 1832................................ fr.	12,454,680.
Deux pour cent d'intérêts...........	249,093.
Six mois d'arrérages des douze premiers remboursemens............	21,000,000.
Dotation, par semestre..........	60,733,099.
	fr.
Ensemble............................	94,436,872.

Passif.

Pour remboursement de 6,300 titres de 9,000 fr., relatifs aux rentes..	56,700,000.
Pour remboursement, de 6,300 titres de 1,000 fr., relatifs aux rentes..	6,300,000.
Pour remboursem. de 1,700 titres de 9,000 fr., relatifs aux indemnités..	15,300,000.
Pour remboursem. de 1,700 titres de 1,000 fr., relatifs aux indemnités..	1,700,000.
Pour anticipation de remboursement de 4,500 titres de 1,000 fr., relatifs aux rentes...................	4,500,000.
Pour anticipation de remboursement de 500 titres de 1,000 fr., relatifs aux indemnités...........	500,000.
Ensemble......................	85,000,000.
A déduire de..................	94,436,872.
	fr.
Reste en caisse.................	9,436,872.

5

QUATORZIÈME REMBOURSEMENT

30 *juin* 1833.

Actif.

Restant en caisse, au trente dé-
cembre 1832.......................... 9,436,872.
Deux pour cent d'intérêts,........... 188,737.
Six mois d'arrérages des treize pre-
miers remboursemens................ 23,000,000.
Dotation, par semestre............... 60,733,099.

Ensemble.................... 93,358,708.

Passif.

Pour remboursement de 6,300 ti-
tres de 9,000 fr., relatifs aux rentes. 56,700,000.
Pour remboursement de 6,300 ti-
tres de 1,000 fr., relatifs aux rentes. 6,300,000.
Pour remboursem. de 1,700 titres
de 9,000 fr., relatifs aux indemnités. 15,300,000.
Pour remboursement de 1,700 ti-
tres de 1,000 fr. relatifs aux indemnités.................................. 1,700,000.
Pour anticipation de rembourse-
ment de 4,500 titres de 1,000 fr., relatifs aux rentes..................... 4,500,000.
Pour anticipation de remboursse-
ment de 500 titres de 1,000 fr., relatifs aux indemnités,................ 500,000.

Ensemble.................... 85,000,000.
A déduire de................ 93,358,708.

Reste en caisse.............. 8,358,708.

QUINZIÈME REMBOURSEMENT.

30 *décembre* 1833.

~~~~~~

Actif.

	fr.
Restant en caisse, au trente juin 1833...................................	8,358,708.
Deux pour 100 d'intérêts.........	167,174.
Six mois d'arrérages des quatorze premiers remboursemens..........	25,000,000.
Dotation, par semestre.........	60,733,099.

	fr.
Ensemble.....................	94,258,981.

Passif.

	fr.
Pour remboursement de 6,300 titres de 9,000 fr. relatifs aux rentes..	56,700,000.
Pour remboursement de 6,500 titres de 1,000 fr. relatifs aux rentes..	6,500,000.
Pour remboursement de 1,700 titres de 9,000 fr. relatifs aux indemnités.	15,300,000.
Pour remboursement de 1,700 titres de 1,000 fr. relatifs aux indemnités.	1,700,000.
Pour anticipation de remboursement de 4,500 titres de 1,000 fr. relatifs aux rentes....................	4,500,000.
Pour anticipation de remboursement de 500 titres de 1,000 fr. relatifs aux indemnités	500,000.
Ensemble.....................	85,000,000.
A déduire de.....................	94,258,981.

	fr.
Reste en caisse.................	9,258,981.

SEIZIÈME REMBOURSEMENT.

30 juin 1834.

〰〰〰〰

Actif.

Restant en caisse, au trente décembre 1833............................. fr. 9,258,981.	
Deux pour cent d'intérêts................. 1185,179.	
Six mois d'arrérages des quinze premiers remboursemens............... 27,000,000.	
Dotation, par semestre................. 60,733,099.	

	fr.
Ensemble...................... 97,177,259.	

Passif.

Pour remboursement de 6,300 titres de 9,000 fr. relatifs aux rentes.. fr. 56,700,000,	
Pour remboursement de 6,300 titres de 1,000 fr. relatifs aux rentes . 6,500,000.	
Pour remboursement de 1,700 titres de 9,000 fr. relatifs aux indemnités................................ 15,300,000.	
Pour remboursement de 1,700 titres de 1,000 fr. relatifs aux indemnités................................ 1,700,000.	
Pour anticipation de remboursement de 4,500 titres de 1,000 fr. relatifs aux rentes................ 4,500,000.	
Pour anticipation de remboursement de 500 titres de 1,000 fr. relatifs aux indemnités................ 500,000.	

Ensemble...................... 85,000,000.	
A déduire de................... 97,177,259.	

	fr.
Reste en caisse................ 12,177,259.	

DIX-SEPTIÈME REMBOURSEMENT.

30 *décembre* 1834.

Actif.

Restant en caisse, au trente juin   fr.
1834............................... 12,177,259.
Deux pour 100 d'intérèts......... 243,545.
Six mois d'arrérages des seize pre-
miers remboursemens.......... 29,000,000.
Dotation , par semestre........ 60,733,099.
                                   fr.

Ensemble.................... 102,153,903.

Passif.

                                    fr.
Pour remboursement de 6,300 ti-
tres de 9,000 fr. relatifs aux rentes.. 56,700,000.
Pour remboursement de 6,300 ti-
tres de 1,000 fr. relatifs aux rentes... 6,300,000.
Pour remboursement de 1,700 ti-
tres de 9,000 fr. relatifs aux indemnités...................... 15,300,000,
Pour remboursement de 1,700 titres de 1,000 fr. relatifs aux indemnités...................... 1,700,000.
Pour anticipation de remboursement de 4,500 titres de 1,000 fr. relatifs aux rentes.............. 4,500,000.
Pour anticipation de remboursement de 500 titres de 1,000 fr. relatifs aux indemnités............ 500,000.

Ensemble.................. 85,000,000.
A déduire de............... 102,153,903.
                                    fr.
Reste en caisse............. 17,153,903.

DIX-HUITIÈME REMBOURSEMENT.

30 juin 1835.

~~~~~~~~

Actif.

	fr.
Restant en caisse, au trente décembre 1834........................	17,153,903.
Deux pour 100 d'intérêts........	343,078.
Six mois d'arrérages des dix-sept premiers remboursemens..........	31,000,000.
Dotation, par semestre........	60,733,099.
	fr.
Ensemble........................	109,230,080.

Passif.

	fr.
Pour remboursement de 6,300 titres de 9,000 fr. relatifs aux rentes...	56,700,000.
Pour remboursement de 6,300 titres de 1,000 fr. relatifs aux rentes..	6,300,000.
Pour remboursement de 1,700 titres de 9,000 fr. relatifs aux indemnités...........................	15,300,000.
Pour remboursement de 1,700 titres de 1,000 fr. relatifs aux indemnités...........................	1,700,000.
Pour anticipation de remboursement de 4,500 titres de 1,000 fr. relatifs aux rentes.................	4,500,000.
Pour anticipation de remboursement de 500 titres de 1,000 fr. relatifs aux indemnités..................	500,000.
Ensemble........................	85,000,000.
A déduire de.................	109,230,080.
	fr.
Reste en caisse.................	24,230,080.

DIX-NEUVIÈME REMBOURSEMENT.

3o *décembre* 1835.

~~~~~~~

Actif.

	fr.
Restant en caisse, au trente juin 1835.........................	24,230,080,
Deux pour 100 d'intérêts.......	484,601.
Six mois d'arrérages des dix-huit premiers remboursemens........	33,000,000,
Dotation, par semestre........	60,733,099

	fr.
Ensemble....................	118,447,780,

Passif.

	fr.
Pour remboursement de 7,080 titres de 9,000 fr. relatifs aux rentes..	63,720,000.
Pour remboursement de 7,080 titres de 1,000 relatifs aux rentes......	7,080,000.
Pour remboursement de 1,920 titres de 9,000 fr. relatifs aux indemnités...........................	17,280,000,
Pour remboursement de 1,920 titres de 1,000 fr. relatifs aux indemnités............................	1,920,000;
Pour anticipation de remboursement de 4,500 titres de 1,000 fr. relatifs aux rentes.................	4,500,000.
Pour anticipation de remboursement de 500 titres de 1,000 fr. relatifs aux indemnités..............	500,000.
Ensemble.....................	95,000,000.
A déduire de.................	118,447,780.

	fr.
Reste en caisse...............	23,447,780.

VINGTIÈME REMBOURSEMENT.
30 *juin* 1836.

~~~~~~~~

Actif.

	fr.
Restant en caisse, au trente décembre 1835....................	23,447,780.
Deux pour 100 d'intérêts........	468,955.
Six mois d'arrérages des dix-neuf premiers remboursemens.........	35,250,000.
Dotation, par semestre........	60,733,099.

	fr.
Ensemble....................	119,899,834.

Passif.

	fr.
Pour remboursement de 7,080 titres de 9,000 fr. relatifs aux rentes.	65,720,000.
Pour remboursement de 7,080 titres de 1,000 fr. relatifs aux rentes..	7,080,000.
Pour remboursement de 1,920 titres de 9,000 fr. relatifs aux indemnités......................	17,280,000.
Pour remboursement de 1,920 titres de 1,000 fr. relatifs aux indemnités......................	1,920,000.
Pour anticipation de remboursement de 4,500 titres de 1,000 fr. relatifs aux rentes................	4,500,000.
Pour anticipation de remboursement de 500 titres de 1,000 fr. relatifs aux indemnités...............	500,000.

Ensemble....................	95,000,000.
A déduire de................	119,899,834.

	fr.
Reste en caisse...............	24,899,834.

VINGT-UNIÈME REMBOURSEMENT.
30 *décembre* 1836.

Actif.

	fr.
Restant en caisse, au trente juin 1836...............................	24,899,834.
Deux pour cent d'intérêts..............	497,996.
Six mois d'arrérages des vingt premiers remboursemens.........	37,500,000.
Dotation, par semestre...............	60,733,099.

	fr.
Ensemble........................	123,630,929.

Passif.

	fr.
Pour remboursement de 7,870 titres de 9,000 fr., relatifs aux rentes.	70,830,000.
Pour remboursement de 7,870 titres de 1,000 fr., relatifs aux rentes.	7,870,000.
Pour remboursem. de 2,130 titres de 9,000 fr., relatifs aux indemnités.	19,170,000.
Pour remboursem. de 2,130 titres de 1,000 fr., relatifs aux indemnités.	2,130,000.
Pour anticipation de rembourse-sement de 4,500 titres de 1,000 fr., relatifs aux rentes...............	4,500,000.
Pour anticipation de rembourse-ment de 500 titres de 1,000 fr, rela-tifs aux indemnités................	500,000.

	fr.
Ensemble........................	105,800,000.
A déduire de....................	123,630,929.
Reste en caisse..................	18,630,929.

VINGT-DEUXIÈME REMBOURSEMENT.
3o juin 1837.

~~~~~~

Actif.

	fr.
Restant en caisse, au trente décembre 1836....................	18,630,929.
Deux pour cent d'intérêts........	372,618.
Six mois d'arrérages des vingt-un premiers remboursemens...........	40,000,000.
Dotation, par semestre........	60,733,099.
	fr.
Ensemble....................	119,736,646.

Passif.

	fr.
Pour remboursement de 7,870 titres de 9,000 fr., relatifs aux rentes.	70,830,000.
Pour remboursement de 7,870 titres de 1,000 fr., relatifs aux rentes.	7,870,000.
Pour remboursem. de 2,130 titres de 9,000 fr., relatifs aux indemnités.	19,170,000.
Pour remboursem. de 2,130 titres de 1,000 fr., relatifs aux indemnités.	2,130,000.
Pour anticipation de remboursement de 4,500 titres de 1,000 fr., relatifs aux rentes...................	4,500,000.
Pour anticipation de remboursement de 500 titres de 1,000 fr., relatifs aux indemnités..............	500,000.
Ensemble...................	105,000,000.
A déduire de...............	119,736,646.
	fr.
Reste en caisse............	14,736,646.

VINGT-TROISIÈME REMBOURSEMENT.

5o *décembre* 1857.

~~~~~~~~~

Actif.

	fr.
Restant en caisse, au trente juin 1837......................	14,736,646.
Deux pour 100 d'intérêts........	294,752.
Six mois d'arrérages des vingt-deux premiers remboursemens....	42,500,000.
Dotation, par semestre.........	60,733,099.
	fr.
Ensemble......................	118,264,477.

Passif.

	fr.
Pour remboursement de 7,870 titres de 9,000 fr. relatifs aux rentes..	70,830,000.
Pour remboursement de 7,870 titres de 1,000 fr. relatifs aux rentes..	7,870,000.
Pour remboursement de 2,130 titres de 9,000 fr. relatifs aux indemnités........................	19,170,000.
Pour remboursement de 2,130 titres de 1,000 fr. relatifs aux indemnités........................	2,130,000.
Pour anticipation de remboursement de 4,500 titres de 1,000 fr. relatifs aux rentes.................	4,500,000.
Pour anticipation de remboursement de 500 titres de 1,000 fr. relatifs aux indemnités.................	500,000.
Ensemble......................	105,000,000.
A déduire de...................	118,264,477.
	fr.
Reste en caisse................	13,264,477.

VINGT-QUATRIÈME REMBOURSEMENT.

30 juin 1838.

~~~~~~~~

Actif.

Restant en caisse, au trente décembre 1837................... fr.	13,264,477.
Deux pour 100 d'intérêts............	265,289.
Six mois d'arrérages des vingt-trois premiers remboursemens....	45,000,000.
Dotation, par semestre.........	60,733,099.
Ensemble................... fr.	119,262,865.

Passif.

Pour remboursement de 7,870 titres de 9,000 fr. relatifs aux rentes.. fr.	70,830,000.
Pour remboursement de 7,870 titres de 1,000 fr. relatifs aux rentes.	7,870,000.
Pour remboursement de 2,130 titres de 9,000 fr. relatifs aux indemnités.....................	19,170,000.
Pour remboursement de 2,130 titres de 1,000 fr. relatifs aux indemnités.....................	2,130,000.
Pour anticipation de remboursement de 4,500 titres de 1,000 fr. relatifs aux rentes...............	4,500,000.
Pour anticipation de remboursement de 500 titres de 1,000 fr. relatifs aux indemnités............	500,000.
Ensemble..............	105,000,000.
A déduire de...............	119,262,865.
Reste en caisse.............. fr.	14,262,865.

VINGT-CINQUIÈME REMBOURSEMENT

30 décembre 1838.

~~~~~~~~~

Actif.

Restant en caisse, au trente juin
1838................................. fr. 14,262,865.

Deux pour 100 d'intérêts............ 285,257.

Six mois d'arrérages des vingt-
quatre premiers remboursemens.... 47,500,000.

Dotation, par semestre............. 60,733,099.

fr.

Ensemble........................ 122,781,221.

Passif.

Pour remboursement de 7,870 ti- fr.
tres de 9,000 fr. relatifs aux rentes. 70,830,000.

Pour remboursement de 7,870 ti-
tres de 1,000 fr. relatifs aux rentes. 7,870,000.

Pour remboursement de 2,130 titres de 9,000 fr. relatifs aux indem-
nités...................................... 19,170,000.

Pour remboursement de 2,130 titres de 1,000 fr. relatifs aux indem-
nités...................................... 2,130,000.

Pour anticipation de remboursement de 4,500 titres de 1,000 fr.
relatifs aux rentes.................... 4,500,000.

Pour anticipation de remboursement de 500 titres de 1,000 fr. relatifs aux indemnités.................. 500,000.

Ensemble..................... 105,000,000.

A déduire de .... 122,781,221.

fr.

Reste en caisse............... 17,781,221.

VINGT-SIXIÈME REMBOURSEMENT.

30 juin 1839.

~~~~~~~

Actif.

	fr.
Restant en caisse, au trente décembre 1838...................	17,781,221.
Deux pour 100 d'intérêts........	355,624.
Six mois d'arrérages, des vingt-cinq premiers remboursemens,....	50,000,000.
Dotation, par semestre...........	60,733,099.

	fr.
Ensemble....................	128,869,944.

Passif.

	fr.
Pour remboursement de 7,870 titres de 9,000 fr. relatifs aux rentes..	70,830,000.
Pour remboursement de 7,870 titres de 1,000 fr. relatifs aux rentes..	7,870,000.
Pour remboursement de 2,130 titres de 9,000 fr. relatifs aux indemnités.....................	19,170,000.
Pour remboursement de 2,130 titres de 1,000 fr. relatifs aux indemnités.....................	2,130,000.
Pour anticipation de remboursement de 4,500 titres de 1,000 fr. relatifs aux rentes................	4,500,000.
Pour anticipation de remboursement de 500 titres de 1,000 fr. relatifs aux indemnités............	500,000.

Ensemble.................	105,000,000.
A déduire de..............	128,869,944.

	fr.
Reste en caisse.............	23,869,944.

VINGT-SEPTIÈME REMBOURSEMENT.

3o *décembre* 1839

Actif.

Restant en caisse, au trente juin fr.
1839.............................. 123,869,944.
Deux pour 100 d'intérêts.......... 477,397.
Six mois d'arrérages des vingt-six
premiers remboursemens........... 52,500,000.
Dotation, par semestre............ 60,733,099.
                                              fr.
Ensemble...................... 137,580,440.

Passif.

Pour remboursement de 7,870 ti-   fr.
tres de 9,000 fr. relatifs aux rentes.. 70,830,000.
Pour remboursement de 7,870 ti-
tres de 1,000 fr. relatifs aux rentes.. 7,870,000.
Pour remboursement de 2,130 ti-
tres de 9,000 fr. relatifs aux indemnités............................ 19,170,000.
Pour remboursement de 2,130 ti-
tres de 1,000 fr. relatifs aux indemnités............................ 2,130,000.
Pour anticipation de rembourse-
ment de 4,500 titres de 1,000 fr.
relatifs aux rentes............... 4,500,000.
Pour anticipation de rembourse-
ment de 500 titres de 1,000 fr. relatifs aux indemnités .... 500,000.
Ensemble...................... 105,000,000.
A déduire de.................. 137,580,440.
                                              fr.
Reste en caisse................ 32,580,440.

VINGT-HUITIÈME REMBOURSÉMENT.

(30 *juin*, 1840.)

~~~~~~

Actif.

Restant en caisse, au trente dé-
cembre 1839. 32,580,440.

Deux pour 100 d'intérêts. . . . . 651,608.

Six mois d'arrérages des vingt-
sept premiers remboursemens. . . . . 55,000,000.

Dotation par semestre. . . . . 60,733,099.

Ensemble. 148,965,147.

Passif.

Pour remboursement de 9,450 ti-
tres de 9,000 fr. relatifs aux rentes. . 85,050,000.

Pour remboursement de 9,450 ti-
tres de 1,000 fr. relatifs aux rentes. . 9,450,000.

Pour remboursement de 2,550 titres de 9,000 fr. relatifs aux indem-
nités. . . . . 22,950,000.

Pour remboursement de 2,550 titres de 1,000 fr. relatifs aux indem-
nités. . . . . 2,550,000.

Pour anticipation de remboursement de 4,500 titres de 1,000 fr. re-
latifs aux rentes. . . . . 4,500,000.

Pour anticipation de remboursement de 500 titres de 1,000 fr. rela-
tifs aux rentes. . . . . 500,000.

Ensemble. . . . . 125,000,000.

A déduire de. . . . . 148,965,147.

Reste en caisse. . . . . 23,965,147.

VINGT-NEUVIÈME REMBOURSEMENT.
30 décembre 1840.

Actif.

	fr.
Restant en caisse, au trente juin 1840..............................	23,965,147.
Deux pour 100 d'intérêts........	479,302.
Six mois d'arrérages des vingt-huit premiers remboursemens.........	58,000,000.
Dotation, par semestre.........	60,733,099.

	fr.
Ensemble....................	143,177,548.

Passif.

	fr.
Pour remboursement de 9,450 titres de 9,000 fr. relatifs aux rentes.	85,050,000.
Pour remboursement de 9,450 titres de 1,000 fr. relatifs aux rentes..	9,450,000.
Pour remboursement de 2,550 titres de 9,000 fr. relatifs aux indemnités.................................	22,950,000.
Pour remboursement de 2,550 titres de 1,000 fr. relatifs aux indemnités.................................	2,550,000.
Pour anticipation de remboursement de 4,500 titres de 1,000 fr. relatifs aux rentes........................	4,500,000.
Pour anticipation de remboursement de 500 titres de 1,000 fr. relatifs aux indemnités...............	500,000.

Ensemble......................	125,000,000
A déduire de..................	143,177,548

	fr.
Reste en caisse................	18,177,548.

TRENTIÈME REMBOURSEMENT,

30 juin 1841.

Actif.

	fr.
Restant en caisse, au trente décembre 1840	18,177,548.
Deux pour 100 d'intérêts	363,550.
Six mois d'arrérages des vingt-neuf premiers remboursemens	61,000,000.
Dotation, par semestre	60,733,099.
	fr.
Ensemble	140,274,197.

Passif.

	fr.
Pour remboursement de 9,450 titres de 9,000 fr. relatifs aux rentes.	85,050,000.
Pour remboursement de 9,450 titres de 1,000 fr. relatifs aux rentes.	9,450,000.
Pour remboursem. de 2,550 titres de 9,000 fr. relatifs aux indemnités.	22,950,000.
Pour remboursem. de 2,550 titres de 1,000 fr. relatifs aux indemnités.	2,550,000.
Pour anticipation de remboursement de 4,500 titres de 1,000 fr. relatifs aux rentes	4,500,000.
Pour anticipation de remboursement de 500 titres de 1,000 fr. relatifs aux indemnités	500,000.
Ensemble.	125,000,000.
A déduire de	140,274,197.
	fr.
Reste en caisse	15,274,197.

TRENTE-UNIÈME REMBOURSEMENT.
30 *décembre* 1841.

Actif.

	fr.
Restant en caisse, au trente juin 1841..................	15,274,197.
Deux pour 100 d'intérêts.......	305,483.
Six mois d'arrérages des trente premiers remboursemens.........	64,000,000.
Dotation, par semestre.........	60,733,099.
	fr.
Ensemble.....................	140,312,779.

Passif.

	fr.
Pour remboursement de 9,450 titres de 9,000 fr., relatifs aux rentes.	85,050,000.
Pour remboursement de 9,450 titres de 1,000 fr., relatifs aux rentes.	9,450,000.
Pour remboursem. de 2,550 titres de 9,000 fr., relatifs aux indemnités.	22,950,000.
Pour remboursem. de 2,550 titres de 1,000 fr., relatifs aux indemnités.	2,550,000.
Pour anticipation de remboursement de 4,500 titres de 1,000 fr., relatifs aux rentes..............	4,500,000.
Pour anticipation de remboursement de 500 titres de 1,000 fr. relatifs aux indemnités...........	500,000.
Pour anticipation de rembours. pour solde de 8,031 titres de 1,000 fr. relatifs aux rentes et indemnités...	8,031,000.
Pour anticipation de remboursement de l'appoint.................	252.
Ensemble...............	133,031,252.
A déduire de................	140,312,779.
	fr.
Reste en caisse.............	7,281,527.

TRENTE-DEUXIÈME REMBOURSEMENT.

30 *juin* 1842.

Actif.

	fr.
Restant en caisse, au 30 décembre 1841............................	7,281,527.
Deux pour 100 d'intérêts........	145,630.
Six mois d'arrérages des trente-et un premiers remboursemens....	67,000,000.
Dotation, par semestre..........	60,733,099.
	fr.
Ensemble......................	135,160,256.

Passif.

	fr.
Pour remboursement de 11,000 titres de 9,000 fr., relatifs aux rentes.	99,000,000.
Pour remboursem. de 3,000 titres de 9,000 fr. relatifs aux indemnités..	27,000,000.
Ensemble.....................	126,000,000.
A déduire de...................	135,160,256.
	fr.
Reste en caisse................	9,160,256.

TRENTE-TROISIÈME REMBOURSEMENT.

30 décembre 1842.

~~~~~~~

Actif.

	fr.
Restant en caisse, au trente juin 1842..........................	9,160,256.
Deux pour 100 d'intérêts.......	183,205.
Six mois d'arrérages des trente-deux premiers remboursemens....	70,500,000.
Dotation, par semestre........	60,733,099.
	fr.
Ensemble...................	140,576,560.

Passif.

	fr.
Pour remboursement de 11,800 titres de 9,000 fr. relatifs aux rentes.	106,200,000.
Pour remboursem. de 3,200 titres de 9,000 fr. relatifs aux indemnités.	28,800,000.
Ensemble...................	135,000,000.
A déduire de..............	140,576,560.
	fr.
Reste en caisse.............	5,576,560.

TRENTE-QUATRIÈME REMBOURSEMENT.

30 *juin* 1843.

~~~~~~~

Actif.

	fr.
Restant en caisse, au trente décembre 1842....................	5,576,560.
Deux pour 100 d'intérêts............	111,531.
Six mois d'arrérages des trente-trois premiers remboursemens.....	74,250,000.
Dotation, par semestre.........	60,733,099.
	fr.
Ensemble....................	140,671,190.

Passif.

	fr.
Pour remboursement de 11,800 titres de 9,000 fr. relatifs aux rentes.	106,200,000
Pour remboursement de 3,200 titres de 9,000 fr. relatifs aux indemnités.......................	28,800,000.
Ensemble....................	135,000,000.
A déduire de.................	140,671,190.
	fr.
Reste en caisse..............	5,671,190.

TRENTE-CINQUIÈME REMBOURSEMENT.

30 décembre 1843.

~~~~~~

Actif.

	fr.
Restant en caisse , au trente juin 1843.................................	5,671,190.
Deux pour 100 d'intérêts.............	113,423.
Six mois d'arrérages des trente-quatre premiers remboursemens..	78,000,000.
Dotation , par semestre..........	60,733,099.
	fr.
Ensemble...................	144,517,712.

Passif.

	fr.
Pour remboursement de 11,800 titres de 9,000 fr. relatifs aux rentes.	106,200,000.
Pour remboursement de 3,200 titres de 9,000 fr. relatifs aux indemnités........................	28,800,000.
Ensemble...................	135,000,000.
A déduire de................	144,517,712.
	fr.
Reste en caisse...............	9,517,712.

TRENTE-SIXIÈME REMBOURSEMENT.

30 juin 1844.

~~~~~~~

Actif.

	fr.
Restant en caisse, au trente décembre 1843......................	9,517,712.
Deux pour 100 d'intérêts........	..190,354.
Six mois d'arrérages des trente-cinq premiers remboursemens....	81,750,000.
Dotation, par semestre.........	60,733,099.

	fr.
Ensemble......................	152,191,165.

Passif.

	fr.
Pour remboursement de 12,580 titres de 9,000 fr. relatifs aux rentes..	113,220,000.
Pour remboursement de 3,420 titres de 9,000 fr. relatifs aux indemnités...........................	30,780,000.
Ensemble....................	144,000,000.
A déduire de.................	152,191,165.

	fr.
Reste en caisse................	8,191,165.

TRENTE-SEPTIÈME REMBOURSEMENT.

30 *décembre* 1844.

~~~~~~~

Actif.

	fr.
Restant en caisse, au trente juin 1844......	8,191,165.
Deux pour 100 d'intérêts.......	163,823.
Six mois d'arrérages des trente-six premiers remboursemens.....	85,750,000.
Dotation, par semestre........	60,733,099.
	fr.
Ensemble..................	154,838,087.

Passif.

	fr.
Pour remboursement de 12,580 titres de 9,000 fr. relatifs aux rentes..	113,220,000.
Pour remboursement de 3,420 titres de 9,000 fr. relatifs aux indemnités.............	30,780,000.
Ensemble................	144,000,000.
A déduire de............	154,838,087.
	fr.
Reste en caisse.............	10,838,087.

TRENTE-HUITIÈME REMBOURSEMENT.

30 *juin* 1845.

Actif.

Restant en caisse, au trente décem-   fr.
bre 1844.......................... 10,838,087.

 Deux pour 100 d'intérêts............ 216,761.

Six mois d'arrérages des trente-
sept premiers remboursemens....... 89,750,000.

Dotation, par semestre............ 60,733,699.

                          fr.
Ensemble................... 161,537,947.

Passif.

Pour remboursement de 13,370 ti-   fr.
tres de 9,000 fr. relatifs aux rentes. 120,330,000.

Pour remboursement de 3,630 titres de 9,000 fr. relatifs aux indemnités............................. 32,670,000.

Ensemble................... 153,000,000.

A déduire de................... 161,537,947.

                          fr.
Reste en caisse............... 8,537,947.

TRENTE-NEUVIÈME REMBOURSEMENT.

5o *décembre* 1845.

~~~~~~

Actif.

	fr.
Restant en caisse, au trente juin 1845............................	8,537,947
Deux pour 100 d'intérêts............	170,758
Six mois d'arrérages des trente-huit premiers remboursemens.....	94,000,000
Dotation, par semestre..........	60,733,099

	fr.
Ensemble...................	163,441,804

Passif.

	fr.
Pour remboursement de 13,370 titres de 9,000 fr. relatifs aux rentes.	120,330,000
Pour remboursement de 3,630 titres de 9,000 fr. relatifs aux indemnités........................	32,670,000
Ensemble...................	153,000,000
A déduire de................	163,441,804

	fr.
Reste en caisse..............	10,441,804

QUARANTIÈME REMBOURSEMENT.

30 *juin* 1846.

Actif.

	fr.
Restant en caisse, au trente décembre 1845..................	10,441,804.
Deux pour 100 d'intérêts.........	208,836.
Six mois d'arrérages des trente-neuf premiers remboursemens....	98,250,000.
Dotation, par semestre..........	60,733,099.
	fr.
Ensemble...................	169,633,739.

Passif.

	fr.
Pour remboursement de 6,771 titres de 9,000 fr. relatifs aux rentes.	60,939,000.
Pour remboursement de 11,260 titres de 9,000 fr. relatifs aux indemnités........................	101,340,000.
Appoint....................	2,268.
Ensemble...................	162,281,268.
A déduire de................	169,633,739.
	fr.
Reste en caisse..............	7,352,471.

SITUATION

au 30 décembre 1846.

~~~~~~~~

Actif.

	fr.
Restant en caisse, au trente juin 1846..........................	7,552,471.
Deux pour cent d'intérêts......	147,049.
Six mois d'arrérages des quarante remboursemens................	102,757,813.
Dotation, par semestre.........	60,733,099.
	fr.
Ensemble....................	170,990,432.

SITUATION

au 30 juin 1847.

~~~~~~~~

Actif.

	fr.
Restant en caisse, au trente décembre 1846...................	170,990,432.
Deux pour 100 d'intérêts........	3,419,808.
Six mois d'arrérages des quarante remboursemens................	102,757,813.
Dotation, par semestre..........	60,733,099.
	fr.
Ensemble.	337,901,152.

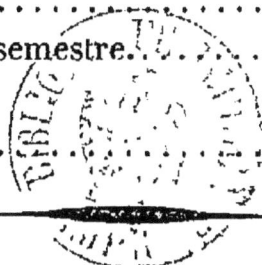

SITUATION

au 30 décembre 1847.

~~~~~~~

Actif.

Restant en caisse, au trente juin
1847. . . . . 337,901,152.

Deux pour cent d'intérêts. . . . . 6,758,023.

Six mois d'arrérages des quarante
remboursemens. . . . . 102,757,813.

Dotation, par semestre. . . . . . 60,733,099.

fr.

Ensemble. . . . . 508,150,087.

Ainsi l'actif à partager en lots est de

508,150,087 fr.

DES TIRAGES

au sort, relatifs à ce plan.

~~~~~~~

Il existera dans ce plan cinq tirages au sort.

~~~~~~~

1re. *Nature de tirage au sort.*

Le premier tirage sera relatif à la fixation d'époque du remboursement des titres de 9,000 fr. et de 1,000 fr., relatifs aux indemnités.

Ce tirage aura lieu le 30 juin 1826.

~~~~~~~ (

2e. *Nature de tirage au sort.*

La seconde nature de tirage fixera l'époque de l'anticipation du remboursement des titres de 1,000 fr.

Les tirages de cette seconde nature auront lieu le 30 juin et le 30 décembre de chaque année.

Le premier aura lieu le 30 décembre 1828.

Le dernier aura lieu le 30 décembre 1841.

Chaque tirage comprendra, comme somme d'anticipation de remboursement,

1°. La somme de 5 millions affectée par semestre à cet emploi;

2°. La somme affectée à époque fixe au remboursement des titres de 1,000 francs, qui auraient été déjà remboursés par les tirages d'anticipation précédens.

La somme affectée, pour solde, au tirage du 30 décembre 1842, sera de 13,031,252 fr.

3°. *Nature de tirage au sort.*

Ce tirage aura lieu le 30 décembre 1847.

La somme affectée à ce tirage s'élevera à

508,150,087 fr.

Les 411,031 titres de 9,000 fr. y auront droit, par leurs numéros correspondans.

Dans ce tirage, tous les lots, sans exception, seront gagnans.

Les 411,031 lots auront tous part, dans des proportions plus ou moins fortes au partage des

508,150,087 fr.

Le plus fort lot sera de

10 millions.

4e. *Nature de tirage au sort.*

Ce tirage aura lieu le 30 décembre 1847.

Les 2,500 titres de 10,000 fr. relatifs à la retenue du premier semestre des arrérages des indemnités, y auront seuls droit.

La somme affectée à ce tirage sera de

58,170,000 fr.

Le moindre lot sera de

10,000 fr.

Le plus fort lot sera de

5 millions.

5°. *Nature de tirage au sort.*

Ce tirage aura lieu le 30 décembre 1847.

Les 3,262 titres de 10,000 fr. relatifs à la rete-

7

nue du vingtième des arrérages des indemnités y
auront seuls droit.

La somme affectée à ce tirage sera de

55,275,000 fr.

Le moindre lot sera de

10,000 fr.

Le plus fort lot sera de

5 millions.

EXEMPLE

pour les porteurs de rentes.

Pour faciliter l'intelligence de ces combinaisons,
je vais détailler un exemple relatif aux porteurs de
rentes, et un exemple relatif aux indemnités.

Supposons un porteur de 500 fr. de rentes,
5 pour 100, au capital de 10,000 fr.

Supposons qu'il se présente pour faire sa déclaration, et pour effectuer son échange de titre, le
30 décembre 1826.

Supposons que, par suite, son époque de remboursement soit fixée au 30 décembre 1845.

Il lui sera délivré les titres suivans :

1°. Un titre de 9,000 fr., remboursable intégralement et sans réduction, le 30 décembre 1845, portant, jusqu'à remboursement, intérêt à 4 et demi pour 100, payables, par semestre, le 22 mars et le 22 septembre de chaque année ; ledit titre, exempt de toute imposition et saisie, et transférable comme les rentes actuelles.

2°. Trente-huit coupons de 47 fr. 50 c. chacun, payables, par semestre, suivant leur ordre de numéro, savoir : le premier, le 22 mars 1827, le second, le 22 septembre 1827, et ainsi de suite. Ces coupons compléteront les 500 fr. d'arrérages dus, à raison de 5 pour 100, pour le capital primitif de 10,000 fr.

3°. Un titre de 1,000 fr., soit au porteur, soit transférable, à la volonté du titulaire déclarant, jouissant, au moment de l'échange, de tous les priviléges accordés aux titres de 9,000 fr. Ce titre sera remboursable intégralement et sans réduction le 30 décembre 1845 ; mais il courra la chance favorable d'une anticipation de remboursement.

4°. Un titre portant droit au tirage de la loterie relative aux titres de 9,000 fr. des rentes et des indemnités, qui aura lieu le 30 décembre 1847.

Tirage d'anticipation.

Supposons qu'un numéro donnant droit au tirage d'anticipation soit 90.

Supposons que, dans les tirages de chaque semestre, relatifs aux cinq millions accordés par semestre pour les anticipations, le n° 90 sorte au tirage du 30 décembre 1839.

Ce titre de 1,000 fr. dont le remboursement n'aurait dû s'effectuer que le 30 décembre 1845, aura lieu le 30 décembre 1829, et ce rembousement sera anticipé de seize années : nonobstant cette anticipation de remboursement, le porteur n'en restera pas moins propriétaire de ses quarante coupons au porteur, chacun de la somme de 47 fr. 50 cent., dans chacun desquels se trouve l'intérêt du titre de 1,000 fr. : son anticipation de remboursement lui procurera donc une addition de jouissance annuelle.

Calculant cette jouissance au taux de quatre et demi pour 100, taux établi pour le titre de 9,000 fr., il aura, par semestre, en augmentation de jouissance. . . . . 22 fr. 50 c.

Pour jouissance, par semestre, de son titre de 9,000 fr. . . . . . 202 fr. 50 c.

Pour un coupon de semestre payable au porteur. . . . . . . 47 fr. 50 c.

Ensemble . . . . . 272 fr. 50 c.

Pour l'année. . . . 545 fr.

Le sort de ce rentier, sous l'aspect du taux de l'intérêt de son placement, sera dès-lors un placement,

Pendant vingt années,

A l'intérêt de 5 et demi (5, 45) pour 100,

De son capital primitif de

10,000 fr.

~~~~~~

Tirage de Lots gagnans.

Supposons que le titre de 9,000 fr. de ce même rentier porte, comme ayant droit au tirage de 1847, le n° 400.

Supposons qu'au tirage du 30 décembre 1847, la sortie du n° 400 donne le lot de

10 millions.

Le porteur de ce numéro recevra cette somme, qui procurera alors au titre primitif de 10,000 fr. un bénéfice de

1,000 capitaux pour un.

Ainsi, dans cette position, le titulaire primitif de

10,000 fr.,

En 5 pour 100,

Aura touché, pendant vingt ans, 5 et demi pour 100 d'intérêts,

Et aura, en outre, encaissé 1,000 capitaux pour un, c'est-à-dire

10 millions

Pour 10,000 fr.

EXEMPLE

pour les indemnités.

Pour ne pas nous répéter, supposons un porteur de titres d'indemnités, ayant obtenu toutes les chances que nous venons d'exposer pour le porteur de rentes.

Supposons en outre que, dans la loterie relative à la retenue du semestre d'arrérages, il obtienne le lot de

5 millions.

Supposons de même que, dans la loterie relative à la retenue du vingtième des arrérages, il obtienne le lot de

5 millions.

Dans ce cas, voici quelle serait la position de ce porteur.

Pour un capital de

10,000 fr.

Il aurait touché, pendant vingt ans, 5 et demi pour 100 d'intérêts,

Et aurait en outre encaissé 2,000 capitaux pour un, c'est-à-dire,

20 millions.

Pour 10,000 fr.

LOTS.

relatifs au tirage des titres de 9,000 fr., rentes et indemnités.

~~~~~~

411,031 lots.

Tous numéros gagnans.

		fr.
1 lot de	....	10,000,000.
1 lot de	....	6,000,000.
1 lot de	....	5,000,000.
1 lot de	....	4,000,000.
1 lot de	....	3,000,000.
1 lot de	....	2,500,000.
1 lot de	....	2,400,000.
1 lot de	....	1,600,000.
1 lot de	....	1,200,000.
1 lot de	....	1,000,000.
1 lot de	....	950,000.
1 lot de	....	900,000.
1 lot de	....	850,000.
1 lot de	....	800,000.
1 lot de	....	750,000.
1 lot de	....	700,000.
1 lot de	....	650,000.
1 lot de	....	600,000.
1 lot de	....	550,000.

449 lots décroissans par somme de mille francs ;

Le premier s'élevant a 500,000 fr.

Et le dernier à 51,000 fr.

			fr.
25 lots de.......	50,000 fr.	......	1,250,000.
25 lots de.......	45,000	......	1,125,000.
25 lots de.......	40,000	....	1,000,000.
25 lots de.......	35,000	....	875,000.
25 lots de........	30,000	....	750,000.
25 lots de........	25,000	....	625,000.
25 lots de.......	20,000	.....	500,000.
25 lots de.......	15,000	......	375,000.
25 lots de.......	10,000	....	250,000.
25 lots de.......	8,000	....	200,000.
25 lots de... ...	5,000	......	125,000.
48 lots de......	4,000	......	192,000.
60 lots de.......	3,000	......	180,000.
100 lots de.......	2,000	......	200,000.
200 lots de.......	1,000	.....	200,000.
413,762 lots de .	805	.....	133,078,410.

LOTS.

relatifs à la retenue d'un semestre des arrérages des indemnités.

fr.

1 lot de.......................... 5,000,000.

1 lot de.......................... 4,000,000.

1 lot de.......................... 3,600,000.

1 lot de.......................... 1,000,000.

140 lots décroissans par somme de mille francs

Le premier s'élevant à 165,000 fr. ;

Et le dernier à 26,000 fr.

fr.

100 lots de.......	25,000 fr....	2,500,000.
250 lots de.......	19,000......	4,750,000.
500 lots de.......	15,000......	7,500,000.
1505 lots de......	10,000......	15,050,000.

LOTS

relatifs à la retenue d'un vingtième des arrérages des indemnités.

	fr.
1 lot de....................	5,000,000.
1 lot de....................	4,000,000.
1 lot de....................	3,000,000.
1 lot de....................	2,006,000.
1 lot de....................	1,000,000.
1 lot de....................	800,000.
1 lot de....................	600,000.
1 lot de....................	500,000.
1 lot de....................	400,000.
1 lot de....................	200,000.
1 lot de....................	100,000.
1 lot de....................	50,000.
1 lot de....................	25,000.
100 lots à........ 20,000 fr.....	2,000,000.
1,000 lots à....... 15,000.......	15,000,000.
2,049 lots à...... 10,000.......	20,490,000.

RÉSUMÉ.

En rédigeant ce plan, j'ai eu pour but :

1°. D'éviter les pertes que, sans novations, nos précédentes négociations de rentes occasionneraient encore aux contribuables ; . . . .

2°. De pouvoir profiter, sans inconvéniens, et avec avantage pour les contribuables, de l'amélioration qu'a procuré à notre crédit la *persévérance du Roi à remplir fidèlement tous ses engagemens ;* . . . .

3°. De nous replacer, relativement à toute nouvelle combinaison financière, dans un état *vierge*, avec l'avantage incalculable de la disponibilité de tous nos moyens, sous l'influence d'une *bonne foi* et d'une *loyauté soutenues* ; . . . .

4°. De lier, d'entrelacer et d'unir intimement les intérêts de tous les membres de l'État, de manière à obtenir enfin, comme fruit de notre *persévérance*, un *véritable esprit national*, seul avantage que nous puissions envier aux autres nations du globe ; . . . .

5°. D'*anéantir* la seule influence réelle de la détérioration grave que supportent les biens d'origine nationale ;

6°. De satisfaire, envers tous les anciens propriétaires des biens confisqués, aux promesses qui leur ont été faites, et dont l'exécution est réclamée par la justice et par l'intérêt de l'État ;

7°. De fixer invariablement l'époque où des promesses solennelles faites aux contribuables pourront se réaliser, et où ils éprouveront un soulagement annuel de 400 millions, qui devra se porter sur les genres de charges qui pèsent le plus sur eux, et qui présentent le plus d'entraves à leur bonheur et à leur prospérité.

8°. De satisfaire à la mesure de justice et de convenance des indemnités, en soulageant efficacement, et d'une manière absolue, les deux tiers des contribuables, et en soulageant l'autre tiers d'une manière relative, mais presqu'absolue.

Dans un état maladif, nous nous étions couverts de très-lourds vêtemens ; aujourd'hui ils entravent la rapidité de la marche qui doit nous conduire au plus haut degré de prospérité ; il nous convient donc de les renouveler et d'y substituer d'autres vêtemens plus appropriés à la plénitude de notre vitalité.

En d'autres termes,

Il faut indispensablement mettre une ligne de démarcation entre le passé et l'avenir ;

Il faut le faire avec franchise et loyauté, en ne blessant aucun intérêt; même en présentant à tous des avantages inattendus;

Il faut se restreindre à s'approprier les bénéfices pécuniaires que pourraient se promettre dans l'avenir, en supposant qu'il n'y ait pas de novation, des spéculations qui n'y auraient pas droit;

Il faut même reporter, sur les parties actuellement intéressées, une portion de ces bénéfices;

Sous l'influence de tels résultats, nous pourrions enfin apprécier à leur juste valeur les motifs de notre perspective de prépondérance.

Une nation qui a pu résister aux chocs les plus violens, et qui, dans les momens même les plus critiques, a excité au moins l'attention *inquiète* de toutes les nations du globe, peut être assimilée à un homme vigoureux dont la vitalité a d'autant plus d'énergie que la maladie à laquelle il a résisté a été plus violente.

Je sais, par suite d'une longue expérience, que *presque toujours on éprouve plus de difficultés pour faire du bien aux autres que pour s'en faire à soi-même.* Mais, convaincu que le moment était opportun pour servir simultanément les indemnités, les acquéreurs de domaines nationaux, les rentiers, les contribuables et l'État , je n'ai pas épargné mes veilles ; et, à tout évènement , je n'ai cessé de me répéter ce qui, toute ma vie, a été le guide de ma conduite ,

Fais ce que dois,

Advienne que pourra.

Armand SEGUIN.

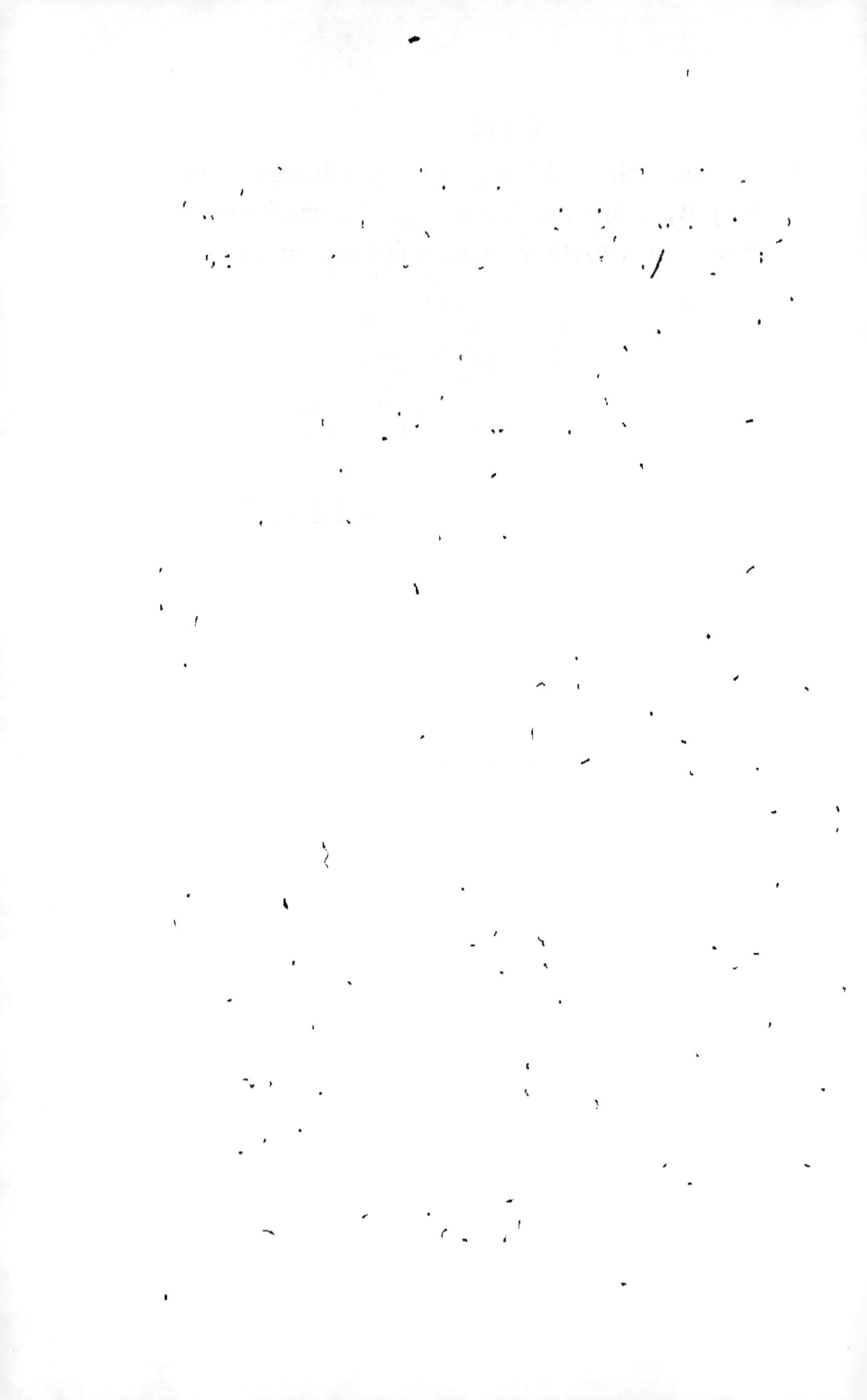

TABLE
DES MATIÈRES.

FIN DE LA TABLE.